新股民实盘操练大全

上

肖翼◎著

北京理工大学出版社
BEIJING INSTITUTE OF TECHNOLOGY PRESS

图书在版编目（CIP）数据

新股民实盘操练大全：全2册 / 肖翼著. —北京：北京理工大学出版社，2016.6

ISBN 978-7-5682-1940-2

Ⅰ.①新… Ⅱ.①肖… Ⅲ.①股票投资－基本知识 Ⅳ.①F830.91

中国版本图书馆CIP数据核字（2016）第084589号

出版发行 / 北京理工大学出版社有限责任公司

社　　址 / 北京市海淀区中关村南大街 5 号

邮　　编 / 100081

电　　话 /（010）68914775（总编室）

　　　　　（010）82562903（教材售后服务热线）

　　　　　（010）68948351（其他图书服务热线）

网　　址 / http：//www.bitpress.com.cn

经　　销 / 全国各地新华书店

印　　刷 / 北京泽宇印刷有限公司

开　　本 / 710 毫米 × 1000 毫米　1/16

印　　张 / 15　　　　　　　　　　　　　　　　责任编辑 / 刘永兵

字　　数 / 163 千字　　　　　　　　　　　　　文案编辑 / 刘永兵

版　　次 / 2016 年 6 月第 1 版　2016 年 6 月第 1 次印刷　　责任校对 / 周瑞红

定　　价 / 56.00 元（全2册）　　　　　　　　责任印制 / 李志强

图书出现印装质量问题，请拨打售后服务热线，本社负责调换

目录

基本面分析篇

第一章　经济基本面

　　股市并不是一个神秘的地方，如果股民朋友能够掌握股市中经济基本面的变化，那么就能较为轻松地发现行情变化的规律。而在股市中，很多经济因素都会造成股市变化，比如宏观经济形势、国际经济形势、通货膨胀、税率调整等，都会对股市的后续行情产生重要的影响。股民朋友可以据此研判出股市的发展趋势，制定合适的投资策略。

第一节　宏观经济 ··· 4

第二节　国际经济形势 ·· 10

第三节　通货膨胀 ·· 16

第四节　流动性过剩 ·· 20

第五节　利率调整 ·· 26

第六节　人民币贬值 ·· 31

第七节　权威消息 ·· 38

第二章 行业基本面

虽然通过对经济基本面的分析，我们能够推导出国民经济的大致情况，但是各个行业的发展情况未必与整体经济走势一致。因此，股民朋友在做好经济基本面分析的基础上，还应该做好行业基本面的分析，只有这样才能更加明确地掌握某一个行业的具体发展情况，并根据这一要素挖掘出股市中具有投资价值的行业。

第一节　行业的生命周期 …………………………………… 44

第二节　行业政策 …………………………………………… 51

第三节　行业前景 …………………………………………… 57

第四节　行业景气度 ………………………………………… 64

第三章 公司基本面

在股市中，股票的价格始终围绕着价值波动，要想了解公司的内在价值，就要对公司的基本面进行分析。公司的基本面是投资者进行理性投资的重要依据，尤其是对长线股民来说，公司的基本面是长期价值的唯一决定因素。每一个投资者选择股票之前，都应该透彻分析公司的基本面。

第一节　企业获利能力 ……………………………………… 70

第二节　每股收益 …………………………………………… 78

第三节　企业核心竞争力 …………………………………… 85

第四节　企业规模与扩张潜力 ……………………………… 91

第五节　企业成长性 ………………………………………… 96

第六节　最容易获得的企业消息 …………………………… 101

第四章 内在价值发现

价值投资是股市中经常被提及的词语，对于股民朋友来说，了解价值投资能够判断出上市公司未来的价值，进而买入一只在未来能够形成爆发式增长的股票，等到市场深入认知该股的价值，价格不断上升的时候，会为股民朋友带来可观的回报。

市场中的投资机会就如金矿一样，股民朋友如果不进行深入挖掘、细致勘探，就很难发现财富所在的位置，而公司的内在价值就好比勘探金矿的仪器，如果股民朋友能熟练掌握这种仪器的使用方法，就能顺利地找到金矿所在的位置。

第一节　处于垄断行业 ································· 106

第二节　资产重组 ································· 111

第三节　高送转 ································· 118

第四节　主题投资 ································· 123

跟庄分析篇

第五章 庄家建仓

庄家是股市中的大鳄，他们资本实力雄厚，常常在股海兴风作浪，控制股票的走势和价格。庄家欺骗散户、建仓吸货的方法很多，还会利用各种技术手段来降低自己的建仓成本，以便在日后能够获得更多的收益。如果股民朋友能够擦亮双眼，在庄家建仓的时候果断出手，那么不但能以极低的成本买进股票，还能在后市坐享一段上涨行情，扩展自己的获利空间。

第一节　低调建仓 ·· 134

第二节　打压式吸筹建仓 ·· 141

第三节　长期震荡整理式吸筹建仓 ···························· 147

第四节　拉高式吸筹建仓 ·· 154

第六章　庄家拉升

　　经过建仓操作以后，庄家手中已经拥有了一定的筹码，那么下一步庄家会做什么？这些手持大笔资金的股市大鳄会像散户一样被动地等待股价上涨吗？

　　事实上，庄家在股市中投入了大量资金，可能面临的风险就比散户成倍增加。因此，为了降低这部分风险，或者说为了更快地赚取暴利，庄家在建仓吸筹后都会进行另外一种操作——拉升。

第一节　庄家拉升的目的 ·· 160

第二节　拉升前试盘 ·· 166

第三节　拉升股价的方式 ·· 175

第四节　拉升的盘面特征 ·· 180

第七章　庄家洗盘

　　洗盘是庄家在拉升股价的过程中最常用的手段。庄家之所以要进行洗盘，就是为了将拉升过程中的获利盘洗出来，这样不但可以减轻自己后市继续拉升的压力，也可以抬高市场的平均成本。对于普通的股民朋友来说，如果在跟庄的途中被庄家洗出来，那么就很可能会错失一段上涨行情，相当于将已经到手的利润又重新还给了庄家。因此，股民只有识破庄家洗盘的意图，才能不被洗出来，错失一段利润。

第一节　庄家洗盘的目的 ……………………………………… 188

第二节　庄家洗盘的手法 ……………………………………… 192

第三节　庄家洗盘的盘口特征 ………………………………… 199

第四节　庄家洗盘结束的标志 ………………………………… 205

第八章　庄家出货

当股价拉升到一定的高度后，庄家一定会进行出货操作，以便将盘面盈利转变为真金白银。可以说，出货是庄家坐庄过程中最为关键的一步，如果不能顺利完成出货，那么就相当于坐庄失败，之前所有的努力也将化为泡影，因此，不管实力多么强大的庄家，都会重视出货这一步，千方百计地将手中的筹码派发出去。

对于股民朋友来说，庄家的出货阶段是最危险也是最容易被迷惑的时候。如果股民能够识破庄家的出货伎俩，就能从容逃顶，获得最大的收益；反之则会为庄家作嫁衣，给自己带来巨大的损失。

第一节　庄家出货的目的 ……………………………………… 212

第二节　庄家出货的征兆 ……………………………………… 215

第三节　庄家出货的方式 ……………………………………… 219

第四节　如何区别庄家的洗盘和出货 ………………………… 227

基本面分析篇

　　对上市公司基本面的分析可以说是价值投资最重要的组成部分。那么，什么是价值投资呢？简单来说，价值投资就是指股民朋友以较低的价格买进一只具有极高上涨潜力的股票，这种上涨幅度能够达到两倍、三倍甚至是十几倍。因此，可以说价值投资是决胜股市最牢靠的基石，而基本面分析则是决定价值投资能否获得成功的最根本因素。因此，能否掌握基本面的分析要领，直接决定了股民朋友在中长线投资上获得利润的多少。

第一章

经济基本面

　　股市并不是一个神秘的地方，如果股民朋友能够掌握股市中经济基本面的变化，那么就能较为轻松地发现行情变化的规律。而在股市中，很多经济因素都会造成股市变化，比如宏观经济形势、国际经济形势、通货膨胀、税率调整等，都会对股市的后续行情产生重要的影响。股民朋友可以据此研判出股市的发展趋势，制定合适的投资策略。

第一节 宏观经济

>>概念精读

　　股市是国内经济体系非常重要的组成部分，甚至可以称为国内经济的"晴雨表"。可以说，宏观经济与股市就像是相互带动的齿轮。股市是宏观经济的先行指标，宏观经济则是影响股市长期走势的唯一因素，而其他因素影响股市走势的时间极为有限。

　　如果股民朋友能够从整体上认清宏观经济环境，那么就不容易在操作上犯下高位买进、低位割肉的错误，从而做到顺势而为。因此，股民朋友在研究股市之前，必须先研究宏观经济形势。

>>要点解析

　　1. 在实际的市场运行过程中，宏观经济的发展情况与上市公司的业绩息息相关。

　　2. 当宏观经济整体表现良好的时候，通常上市公司的业绩也会蒸蒸日上。

　　3. 当宏观经济向着消极方向发展的时候，大多数上市公司的业绩也会呈现下降的态势。

　　4. 如果一家上市公司的业绩不断增长，其代表的股票价值会不断提高，从而导致股价的上涨。反之，则会使股票的价值不断降低，股价自然也会下跌。

从经济学的角度来说，能够影响宏观经济的因素有很多。而以目前国内宏观经济运行规律来看，能够影响宏观经济的主要因素之一就是政府的宏观调控。比如说2014年11月16日，国务院办公厅印发的《关于促进内贸流通健康发展的若干意见》中提到关于在当前稳增长促改革调结构惠民生的关键时期，加快发展内贸流通，引导生产，扩大消费，吸纳就业，改善民生，进一步拉动经济增长的问题；又如2014年11月19日，国务院有关部门提出了增加存贷比指标弹性，抓紧出台股票发行注册制改革的方案以及加快利率市场化改革等10条办法，这些宏观政策、办法的出台均对中国股市造成了程度不一的影响（如图1-1所示）。

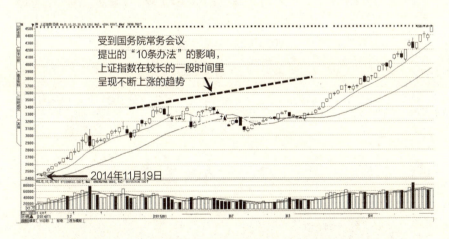

图1-1　2014年11月至2015年4月上证指数K线图

>>实盘操练

随着2015年上半年的政府经济决议的出台以及国内经济整体受到

刺激，上证指数时隔7年再破5 000点大关，深证成指也突飞猛进。2015年上半年两市日成交量突破20 000亿元。由于中国政府带动区域经济发展的坚定决心和强大的实力，以及内部不断推出的经济策略，如"互联网+"行动计划等重大新兴产业战略，刺激国内经济形势一片大好，股市一片飘红（如图1-2、图1-3所示）。

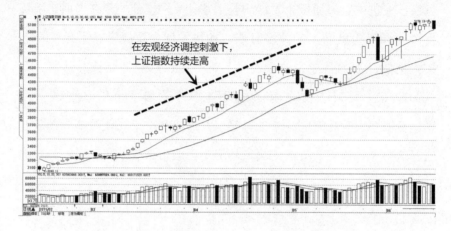

图1-2　2015年2月至6月上证指数K线图

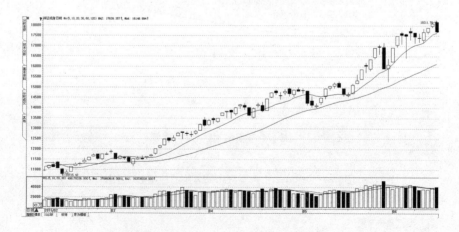

图1-3　2015年2月至6月深证成指K线图

问题1：

如图1-4所示，在2015年上半年，海博股份（股票代码：600708）的股价呈现持续上涨态势，试从宏观经济角度分析这一现象形成的原因。

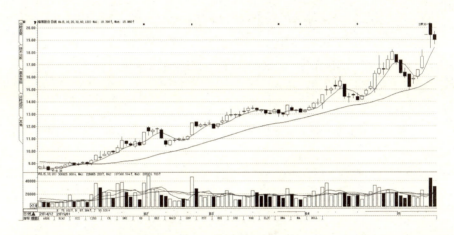

图1-4　2015年1月至6月海博股份K线图

答案：

2015年上半年，我国宏观经济发展向好，增长速率稳定在7%左右，形成了稳定良性发展的趋势。在这样的宏观经济环境下，海博股份在发展的过程中，能够融入更多的市场资金，股价自然水涨船高（如图1-5所示）。

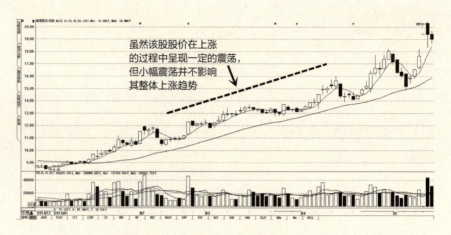

虽然该股股价在上涨的过程中呈现一定的震荡，但小幅震荡并不影响其整体上涨趋势

图1-5　2015年1月至5月海博股份K线图

问题2：

结合问题1的答案，试分析2013年上半年上证指数暴跌的原因（如图1-6所示）。

图1-6　2013年2月至6月上证指数K线图

答案：

2013年，我国宏观经济基本上延续了2012年"底部波动""复苏乏力"的局面，虽然宏观经济状况相对稳定，但是要想让股市重现辉

煌，还需要进一步发展和改善。因此，在这样的宏观经济条件下，如果股市再度遭遇利空消息，必然会形成暴跌的局势。这也是2013年上半年股市先是横向波动，后又大幅下跌的原因（如图1-7所示）。

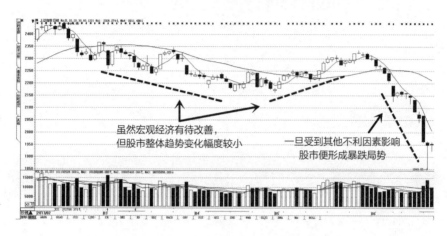

图1-7　2013年2月至6月上证指数K线图

第二节 国际经济形势

>>**概念精读**

　　当今世界各国之间的经济联系越来越密切、国际贸易往来越来越频繁。不管是从"资金流"到"信息流"的发展，还是从"有形贸易"到"无形贸易"的升级，都印证着"地球村"的发展趋势。尤其是在"世界经济一体化"的推动下，各国包括金融市场在内的各类市场都纷纷对外开放，进一步加深了国际市场对一个国家的国内市场的影响，而作为国内经济晴雨表的股市，同样会受到国际经济的影响。

　　随着中国对外开放的力度不断加强，国际经济形势对中国经济发展和股市行情的影响也在不断增加，尤其是在"十二五"期间提出"互利共赢，提高对外开放水平"，更是进一步加大了国际经济对中国股市的影响。

>>**要点解析**

　　1. 世界经济不再是单一引擎而是双引擎，全球治理结构受到明显冲击。2008年世界经济排在前三名的是美国、日本、中国，而到了2013年中国则上升为第二名。简单分析数据就可以看出，中国的经济在高速发展，对国际经济增长的贡献较大。

2. 世界经济环境发生重大变化，不稳定、不确定因素依然较多。2014年年初，美联储减债规模加大的决议导致了巴西、印度等新兴市场的资金大规模缩减，证券市场都遭受了巨大的冲击，汇率大幅下跌。这一现象的发生表明在世界经济复苏的道路上，不确定的因素依然很多。

3. 20世纪以来，特别是在国际金融危机发生之后，世界经济表现出了越来越强的不平衡性，西方主要经济体陷入高债务、高失业的困境，而新兴市场国家则逐步成为世界经济的新引擎，全球经济加速发展的趋势也从大西洋转移到了太平洋（如图1-8所示）。

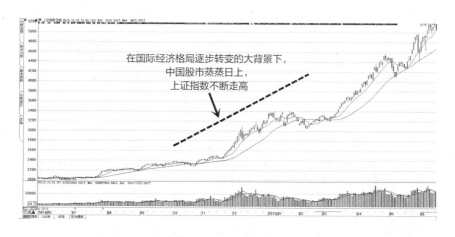

图1-8 2014年6月至2015年6月上证指数K线图

4. 中国经济呈现趋势性、不可逆的新常态，在不断发展的过程中，形成了机遇与挑战并存的局面。从2008年到2014年，中国经济增速分别为9.0%、9.2%、10.3%、9.3%、7.8%、7.7%、7.4%。通过对上述数据的分析，可以看出最近几年中国经济增速在回落。经济增速的放缓，从侧面体现了增长动力的转换、经济结构的再平衡，这也就意味着改革开放进入了一个全新阶段。

2013年年末至2014年年初这段时间里，美国不断放出将会退出QE（即量化宽松政策）的消息。截至2014年，美国的经济水平远没有恢复到正常增长水平，但是道琼斯指数却一度突破16 000点。在没有经济基础支撑的背景下，虚拟经济的增长加重了美国乃至世界经济需要面临的风险和危机。长达5年的量化宽松政策给国际经济带来的各方面影响逐步凸显。

在上述国际经济形势背景下，为了应付不可完全预期的未来发展趋势，中国的证券市场采取了稳扎稳打的方针。沪指在这种大环境的限制下也形成了震荡走势。2014年2月20日，上证指数最高点位反弹至2 177.98点，而到了3月12日，又回落至1 974.38点，跌幅为9.35%（如图1-9所示）。

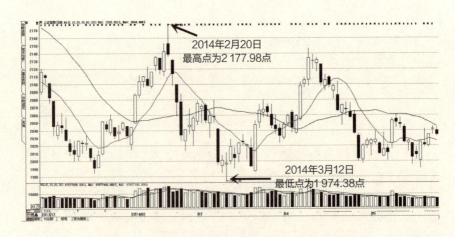

图1-9　2013年12月至2014年5月上证指数K线图

结合其他数据来看，可以说这种保守的发展趋势虽然会折损一部分投资机遇，但是却极大地降低了国际经济变化带来的风险。

问题1：

试从国际经济角度分析，2014年下半年上证指数从2 010.53点上涨至3 394.22点的原因（如图1-10所示）。

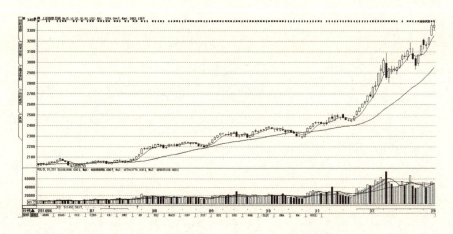

图1-10　2014年6月至2015年1月上证指数K线图

答案：

在金融风暴过后，国际经济虽然没有完全恢复过来，但在复苏之路上不断向前。受到中国经济高速发展的影响，国际经济恢复速度逐步加快。正是在这样的经济条件下，作为股市指标的上证指数自然向好发展（如图1-11所示）。

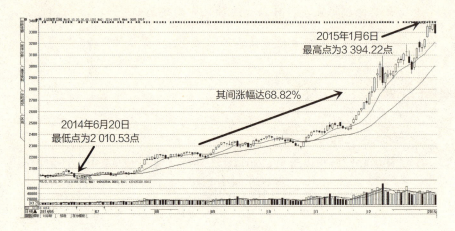

图1-11 2014年6月至2015年1月上证指数K线图

问题2：

2014年下半年，可以说是国际经济形势逐步恢复走强的半年，那么为什么华数传媒（股票代码：000156）没有呈现出大幅上涨趋势，甚至还形成了下跌行情呢（如图1-12所示）？

图1-12 2014年6月至2015年1月华数传媒K线图

答案：

虽然2014年下半年国际经济形势较好，但国际经济形势的好坏更容易影响的是一只股票的长期走势，并且华数传媒的总股本仅有1亿股左右，属于较为容易被庄家操控的小盘股。综合来看，由于能够影响该股走势的因素较多，因此仅从国际形势来分析较为片面（如图1-13所示）。

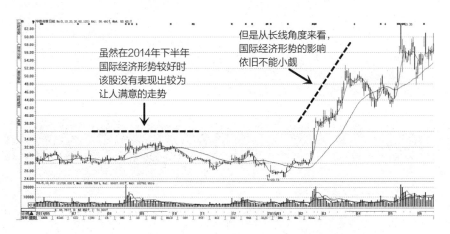

图1-13　2014年6月至2015年6月华数传媒K线图

第三节　通货膨胀

>>**概念精读**

在通常情况下，经济发展情况与通胀走势具有同步运行的趋势，而市场中的通胀压力很可能会直接导致国家新政策的颁布，以中国目前的股市运行规律来说，这类政策的颁布与实施往往会对股市产生较大的影响。因此，如果股民朋友透彻了解国内通胀的具体情况，那么就能从中发现很多重要的信息。

>>**要点解析**

1. 通胀形成初期，市场中的货币供应量会因通胀的发生而增加，这样的现象会刺激企业的生产，最终增加企业利润，从而使股息、红利等增加，最终导致股价上涨。

2. 当通胀发展到一定阶段后，由于企业管理者以及投资者此时无法精确预估与物价有关的设备、工资等成本的上涨情况，无法明确眼前和未来的盈利情况，因此，通胀会使企业的利润变得不稳定，新的市场资金也会因为前景不定而止步观望。

3. 就我国目前的经济发展情况而言，较高的经济增长速度与抑制通货膨胀是矛盾的。经济增长速度过快会导致通胀压力增加，而要抑制通胀压力增加又会导致经济发展速度降低。因此，宏观调控是必须实施的调控手段，它对股市具有正反两个方面的影响。

4. 在市场实际发展过程中，如果通胀率不断增大，政府为了保持经济的健康、有序发展，通常都会采取控制财政支出、实行货币紧缩等政策，而这类政策会使利率提高，从而导致股价下跌。

5. 一般情况下，当通胀率在5%以内的时候，就可以忽略通胀带来的危害，甚至可以认为其具有推动股价上涨的作用（如图1-14所示）。

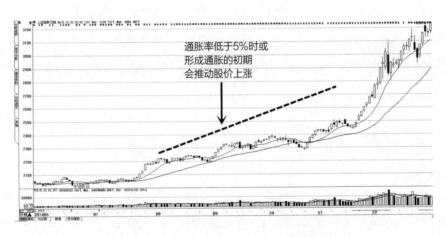

图1-14　2014年6月至12月上证指数K线图

6. 当通胀压力不断增加，并且已经引起政府关注的时候，就是股民逐步减仓离场的时候。

7. 当通胀到达顶部，并回落到一个合理范围内的时候，政府为了能够推动经济发展，又会推出一系列政策来盘活经济，这样也就间接刺激了股市，为股民朋友创造了更多的获利机会。

通货膨胀可以被股民朋友理解为生产能力不足，而通货紧缩则是生产能力过剩。当生产能力不足的时候，效率过低的企业可以得到一部分资源来补充供给，这样就会使整个经济体走下坡路，股市预期也就随之下降；而当生产能力过剩的时候，效率低下的企业会被优先淘汰，这意味着整个经济体的效率提高，股市的预期自然随之上升。

>>实盘操练

2012年下半年，为了抑制物价不断上涨的趋势，政府实行了货币紧缩政策。随着货币紧缩政策的推行，市场中出现了较为明显的资金回流现象，股市中的资金流出迹象越来越明显。在如此投资环境下，股民的恐惧心理被进一步放大，减持的大小机构也越来越多。当这一系列现象组合、反应后，就形成了如图1-15所示的上证指数的走向趋势。从图中可以看到，在半年多的时间里，上证指数从2 453.73点下跌到了1 961.81点，其间跌幅达到了20.05%。

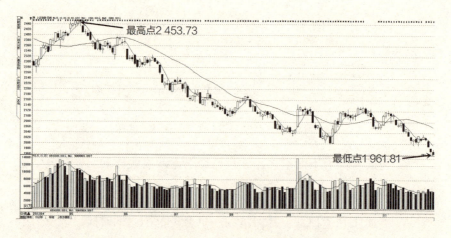

图1-15　2012年4月至11月上证指数K线图

>>巩固练习

问题：

结合图1-16，试分析1993年至1994年股市下跌的原因。

图1-16　1993年6月至1994年8月上证指数K线图

答案：

　　自1993年起，我国通胀开始飙升，1993年CPI数据为14.7%，随着时间的推移，这一数字还持续着上涨的趋势，截至1994年，CPI数据高达21.7%，属于严重通胀，加上1994年是A股熊市的一年，所以上证指数曾在1994年7月28日以325.89创造了历史最低点（如图1-17所示）。

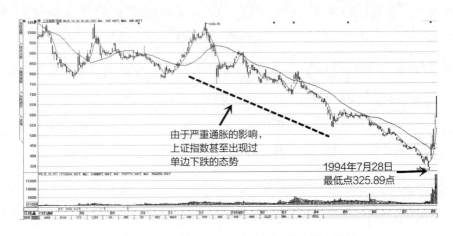

由于严重通胀的影响，上证指数甚至出现过单边下跌的态势

1994年7月28日最低点325.89点

图1-17　1993年6月至1994年8月上证指数K线图

第四节　流动性过剩

经过多年的熊市洗礼后，自2014年下半年开始，中国股市迎来了新一轮的牛市行情，上证指数从1 974.38点上涨至5 178.19点，涨幅高达162.27%。上证指数能够如此快速上扬，其重要原因之一就是"流动性过剩"。

从不同的层面来说，"流动性过剩"的具体含义有三种：

（一）宏观经济的流动性

宏观经济的流动性就是在整体经济体系中投放货币的多少。我们经常说的经济流动性过剩，指的就是过多的货币被投放到市场中，除了正常的货币流通需求外，部分多余的货币需要有合适的"消化场所"，于是市场中就形成了"投资热""经济热"等现象。

（二）在股票市场中的流动性

对于市场来说，流动性多指参与交易的资金（包括已经投入股市中的资金）相对于股票供给的多少，这里的资金包括总流通市值以及场外资金（就是还在股票账户里准备随时入场的资金）。

（三）个股的买卖行为的难易

在股市中，流动性较差的股票多是小盘股或者高度控盘的股票，这类股票是不适合大资金运作的。即便在买进后股价能够上涨，但是想要卖出却非常困难，无法轻松地将盘面盈利转换为现金。对于大资金来说，这样做的风险非常高。不过对于中小资金来说，由于资金量小，就不会受到诸多的限制，选择也就更多。

>>要点解析

1. 目前中国股票市场还处于发展阶段，各项制度还需要不断改革、完善，而流动性又是金融市场发展的基础。因此，可以说流动性如何，决定了股市发展的步伐是否稳健。

2. 虽然股市存在较高的风险，但仍然阻止不了股民通过炒股获得高利润的想法。很多普通百姓开始涉足投资领域，并且其中大部分人将股市作为投资目标，这样在增加了股票流动性的同时也增加了股价逐步远离其价值的可能性。

3. 在股票整体供给不变或者市场注入资金快于股票供给增长速率的时候，即便与股票相关的上市公司的基本面没有较为显著的优异发展，其股价依旧存在上涨的可能性。

4. 受到过剩资金追捧的股票，由于没有业绩、成长潜力等内在因素的支持，就算股价能够暂时性地大幅上涨，最终也摆脱不了下跌的命运，而这类导致股价"虚涨"的过剩资金就被称为"热钱"。

5. 在"热钱"出现的同时，宽松的流动性会使股价不断上涨，这样不但容易使投资者失去对企业基本面的鉴别能力，还会使真正的优质企业逐步失去有效的资金使用约束机制，导致其过快发展，形成"泡沫业绩"。

>>实盘操练

　　2015年3月16日至20日，沪、深股市新增股票开户数达到113.92万户，环比增长57.89%，创下2007年5月以来的新高；新增基金账户达到60.09万户，创下2007年10月以来的新高。据有关数据显示，2015年上半年，沪、深股市流通市值达47.2万亿元，同比增长132.4%；而创业板流通市值达3.1万亿元，同比增长180.4%。剧增的新开户数量以及庞大的流通市值金额，都说明了2015年上半年的中国股市具有极高的流动性，也正是在这种高流动性的支持下，上证指数才能从2月9日的3 049.11点上涨至6月12日的5 178.19点，涨幅高达69.83%（如图1-18所示）。

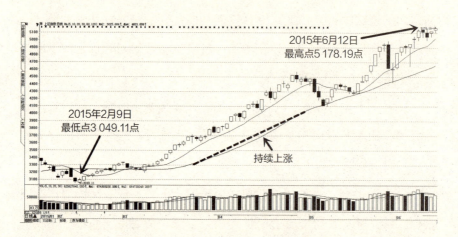

图1-18　2015年1月至6月上证指数K线图

>>巩固练习

问题1：

　　结合图1-19，从流动性角度分析2015年南风股份（股票代码：300004）暴涨后又暴跌的原因。

图1-19　2015年4月至7月南风股份K线图

答案：

随着2015年牛市行情的不断发展，各路"热钱"蜂拥于股市，股票流动性大幅增加，南风股份的股价自然水涨船高。但是当股灾发生的时候，由于"热钱"的快速流出，直接导致了股票价格的加速下跌，因此对于股民朋友来说，"流动性过剩"并不代表"零风险、高收益"（如图1-20所示）。

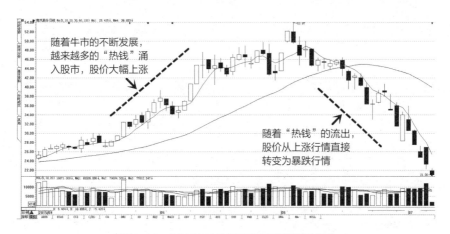

图1-20　2015年4月至7月南风股份K线图

问题2：

结合图1-21说明"流动性过剩"对于股民来说是否为绝对利好的消息。

图1-21 2014年6月至12月华测检测K线图

答案：

2014年6月至12月这段时间，华测检测（股票代码：300012）的股价呈现以横向震荡为主要运行趋势，而同期上证指数却表现出了持续上涨的态势，这说明虽然市场中的流动性比较高，但是对于个股来说，还需要做具体的分析才能判断出其走势运行方向。因此，"流动性过剩"属于绝对利好消息这一说法不成立（如图1-22、图1-23所示）。

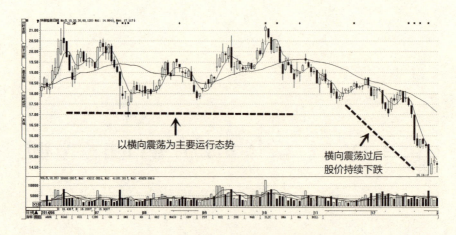

图1-22 2014年6月至12月华测检测K线图

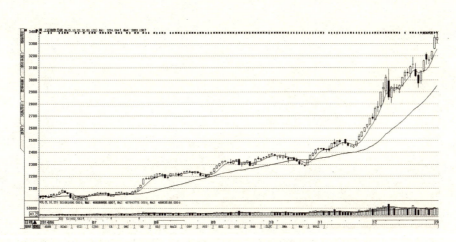

图1-23　2014年6月至12月上证指数K线图

第五节 利率调整

>>概念精读

在众多影响股票价格的因素中，可以说利率是最为敏感的因素。在通常情况下，即便是利率的微小变化，也会引起股票价格的变动。综合股市历史数据来看，利率和股价之间存在着较为明显的"杠杆效应"，即当利率上升的时候，股市会应声下跌；而当利率下调的时候，股市则反向上涨。

>>要点解析

1. 在中国，利率的调整直接由中国人民银行决定。利率调整既是货币政策的一种直接体现，也是调整社会货币供应量的具体表现。

2. 利率的调整直接反映了国民经济的发展现状。如果国家的经济处于衰退期或调整期，政府往往会通过降税减息，降低人们将资金存入银行的欲望，以刺激经济的发展。

3. 当国家经济发展速度过快，并且通货膨胀压力增加的时候，政府通常会采取提高利率的方法来抑制通货膨胀，以使国民经济持续健康发展。虽然政府提高利率的初期，股市往往会形成牛市冲顶的现象，但是其背后却是暗潮涌动，一旦利率进一步提高，那么股市就有可能面临崩盘的情况。

4. 一旦央行决定降低利率，那么部分资金就会从银行中流出。而这部分资金又多以股市为投资目标，因此，股市的发展速度得以提高。

5. 当大量资金注入股市后，股市成交量随之放大，从而刺激股价上涨。而当股价上涨的时候，就会吸引越来越多的资金注入，整体投资环境逐步向好发展，进一步推动股价上涨，最终形成良性循环。

6. 当央行提高利率的时候，大部分企业的经营成本就会增加，最终导致这部分企业的利润变少，与其直接相关的股息以及红利等也会减少。

7. 一旦股息、红利等减少，那么相比股市的收益减少来说，利率上涨带来的是储蓄回报的增加，因此市场中的资金就更愿意存入银行，从而导致股市整体行情恶化，最终形成恶性循环。

由于利率的提高与降低对股市影响巨大，所以不单中国采用这种方式来调节股市行情，就连一些发达国家，比如美国、英国等也会利用利率来进行调节。由于这种方法具有较高的实效性，个别国家甚至会在一年中连续几次调整利率，并且每一次都对股市产生深远的影响（如图1-24所示）。

数据上调时间	存款基准利率			贷款基准利率			次日指数涨跌	
	调整前	调整后	调整幅度	调整前	调整后	调整幅度	上证	深证
2015年06月28日	2.25%	2.00%	-0.25%	5.10%	4.85%	-0.25%	2.01%	0.24%
2015年05月11日	2.50%	2.25%	-0.25%	5.35%	5.10%	-0.25%	1.56%	0.81%
2015年03月01日	2.75%	2.50%	-0.25%	5.60%	5.35%	-0.25%	0.79%	1.07%
2014年11月22日	3.00%	2.75%	-0.25%	6.00%	5.60%	-0.40%	1.85%	1.32%
2012年07月06日	3.25%	3.00%	-0.25%	6.31%	6.00%	-0.31%	1.01%	2.95%
2012年06月08日	3.50%	3.25%	-0.25%	6.56%	6.31%	-0.25%	-0.51%	-0.50%
2011年07月07日	3.25%	3.50%	0.25%	6.31%	6.56%	0.25%	-0.58%	-0.26%
2011年04月06日	3.00%	3.25%	0.25%	6.06%	6.31%	0.25%	0.22%	1.18%
2011年02月09日	2.75%	3.00%	0.25%	5.81%	6.06%	0.25%	-0.89%	-1.53%
2010年12月26日	2.50%	2.75%	0.25%	5.56%	5.81%	0.25%	-1.90%	-2.02%
2010年10月20日	2.25%	2.50%	0.25%	5.31%	5.56%	0.25%	0.07%	1.23%
2008年12月23日	2.52%	2.25%	-0.27%	5.58%	5.31%	-0.27%	-4.55%	-4.69%
2008年11月27日	3.60%	2.52%	-1.08%	6.66%	5.58%	-1.08%	1.055	2.29%
2008年10月30日	3.87%	3.60%	-0.27%	6.93%	6.66%	-0.27%	2.55%	1.91%
2008年10月09日	4.14%	3.87%	-0.27%	7.20%	6.93%	-0.27%	-0.84%	-2.40%
2008年09月16日	4.14%	4.14%	0.00%	7.47%	7.20%	-0.27%	-4.47%	-0.895

图1-24 2008年至2015年央行利率调整影响股市一览图

2015年5月5日至8日，受到多方面因素影响，上证指数连续三个交易日收阴，跌幅达8.34%。2015年5月10日晚间，央行公布自5月11日起实行降息降准，随后上证指数开始连续上涨，仅仅在5月11日，也就是降息降准的当天，上涨指数上涨幅度就达到了1.56%（如图1-25所示）。

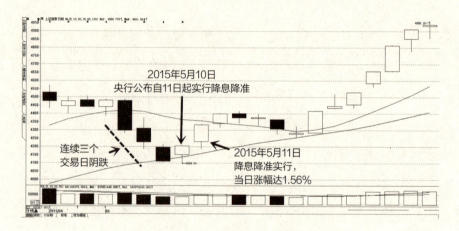

图1-25　2015年4月至5月上证指数K线图

2011年7月6日晚间，央行决定自2011年7月7日起，将存款基准利率以及贷款基准利率上调0.25%。这一举动直接导致上证指数下跌，仅7月7日一天，上证指数便从之前的上涨趋势变为下跌0.51%。

从上述两个案例中，不但能发现利率与股市之间存在杠杆效应，还能得出这样一个结论：利率的小幅调整，往往会在股市中放大体现（如图1-26所示）。

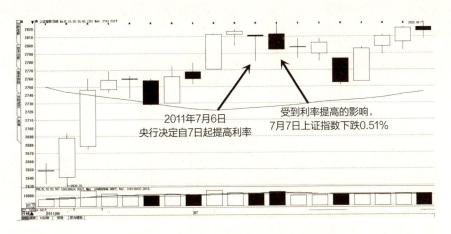

图1-26　2011年6月至7月上证指数K线图

>>巩固练习

问题：

试从图1-27中总结出利率与股市之间的关系，并回答以下问题：

利率与股市之间存在什么样的关系？

数据上调时间	存款基准利率			贷款基准利率			次日指数涨跌	
	调整前	调整后	调整幅度	调整前	调整后	调整幅度	上证	深证
2015年06月28日	2.25%	2.00%	-0.25%	5.10%	4.85%	-0.25%	2.01%	0.24%
2015年05月11日	2.50%	2.25%	-0.25%	5.35%	5.10%	-0.25%	1.56%	0.81%
2015年03月01日	2.75%	2.50%	-0.25%	5.60%	5.35%	-0.25%	0.79%	1.07%
2014年11月22日	3.00%	2.75%	-0.25%	6.00%	5.60%	-0.40%	1.85%	1.32%
2012年07月06日	3.25%	3.00%	-0.25%	6.31%	6.00%	-0.31%	1.01%	2.95%
2012年06月08日	3.50%	3.25%	-0.25%	6.56%	6.31%	-0.25%	-0.51%	-0.50%
2011年07月07日	3.25%	3.50%	0.25%	6.31%	6.56%	0.25%	-0.58%	-0.26%
2011年04月06日	3.00%	3.25%	0.25%	6.06%	6.31%	0.25%	0.22%	1.18%
2011年02月09日	2.75%	3.00%	0.25%	5.81%	6.06%	0.25%	-0.89%	-1.53%
2010年12月26日	2.50%	2.75%	0.25%	5.56%	5.81%	0.25%	-1.90%	-2.02%
2010年10月20日	2.25%	2.50%	0.25%	5.31%	5.56%	0.25%	0.07%	1.23%
2008年12月23日	2.52%	2.25%	-0.27%	5.58%	5.31%	-0.27%	-4.55%	-4.69%
2008年11月27日	3.60%	2.52%	-1.08%	6.66%	5.58%	-1.08%	1.055	2.29%
2008年10月30日	3.87%	3.60%	-0.27%	6.93%	6.66%	-0.27%	2.55%	1.91%
2008年10月09日	4.14%	3.87%	-0.27%	7.20%	6.93%	-0.27%	-0.84%	-2.40%
2008年09月16日	4.14%	4.14%	0.00%	7.47%	7.20%	-0.27%	-4.47%	-0.895

图1-27　2008年至2015年央行利率调整影响股市一览图

A. 利率与股市之间属于同向运行，即利率上调，股市就会上涨；利率下调，股市也会下跌。

B. 利率与股市之间存在杠杆效应，即利率上调，股市就会下跌；利率下调，股市就会上涨。

C. 利率与股市之间存在不确定关系，即利率的上调与下调与股市并无直接关系。

答案：

B。

第六节　人民币贬值

>>概念精读

　　通过对中国经济的深入研究和系统分析可以得出结论：人民币贬值对股市有着重要的影响。一般来说，这种影响体现为：股价会随着本币的贬值而呈现出下跌趋势；如果本币形成了大幅的贬值，甚至直接给国内经济带来巨大影响的时候，股市很可能会形成一种非常低迷的行情走势。

　　当本币发生贬值的时候，意味着汇率出现了明显的变化，而大部分上市公司的经营业绩都与本币的价值有关，本币贬值就会影响上市公司的业绩。

　　人民币贬值势必会对国内经济造成一定的困扰，对于大部分公司来说，人民币贬值是一个不好的消息；但是对于部分进出口产业来说，人民币贬值所带来的正面影响要大于其带来的负面影响，这样的现象就会导致在人民币贬值的同时，部分公司的股价却在上涨。

>>要点解析

　　1. 人民币贬值有利于缓解国内经济压力，拉动出口经济发展。中国属于出口导向型经济，对外出口在中国经济中占据着比较重要的地位。但是从2014年第四季度起，中国出口增幅缩减，甚至出现过负增长的现象，这对中国经济产生了较大的影响。人民币贬值可以拉动出口，缓解中国的经济压力。

2. 人民币贬值可以缓解中国与其他国家的贸易摩擦。由于中国具有丰富的自然资源及人力资源，生产产品的成本相对较低，因此在国际上，中国制造的产品具有价格优势，这也就导致了中国频繁与其他国家产生贸易摩擦。而人民币贬值可以削弱中国国内产品的价格优势，从而缓解中国与其他国家的贸易摩擦。

3. 人民币贬值可以在一定程度上刺激部分个股发展。

4. 随着人民币的不断贬值，上证指数虽然能够在运行的过程中形成几次幅度不一的反弹行情，但是其整体趋势依旧呈现出下跌势头。

5. 一般情况下，在人民币汇率跌破重要关口的时候，上证指数往往会下跌到一个新的低点位。

6. 纵观股市历史可以发现，每当中国股市指数跌到一个标志性台阶的时候，人民币汇率都会跌破重要的关口；而且随着人民币的贬值速度的加快，股票指数的下跌也会加快。

对于人民币的贬值问题，股民朋友要学会理性看待。人民币贬值是一个宏观要素的变化，因此它对股市的影响有一定的持续性，股民朋友在实际投资的过程中，如果遇到了人民币贬值的情况，不妨为自己留一些思考的时间，在根据其他因素进行综合分析后，再决定投资策略。

>>实盘操练

以外汇为主导的货币市场始终和以股票为主导的资本市场存在着

紧密的联系。通过总结欧美市场的经验，可以说新兴市场上的每一次本币贬值都会导致股市形成一定幅度的回调。与此同时，人民币贬值还会导致暂时性的市场资金回流，从而延长了股市回调的时间。

2015年1月26日，随着欧洲新一轮量化宽松政策出台，人民币对美元即期汇率出现暴跌现象，跌幅一度达到了2%，这也是官方允许汇率单日浮动的下限。此次人民币汇率下跌创下人民币汇改以来历史最大跌幅纪录。在这种经济环境的影响下，刚刚从多年熊市行情中重新崛起的中国股市再次受到了严重的打击。

在经过一段上涨行情后，上证指数受到汇率下调的影响，一度以单边下跌的形式，从2015年1月23日的最高点位3 406.79点下跌至2月9日的3 049.11点，其间跌幅达到了10.50%（如图1-28所示）。

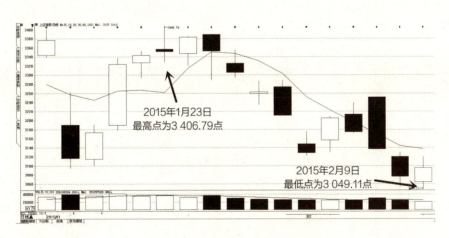

图1-28　2015年1月至2月上证指数K线图

2015年8月11日，人民币对美元中间价较前日再次大幅度下调1 008个基点至6.330 6元。也就是说在期货市场中，人民币对美元交易价一度逼近2%的跌停线。8月12日，人民币对美元汇率中间价报6.401 0元，较8月11日中间价报6.330 6元，贬值704个基点。上证指数再次随着人民币的贬值下跌1.07%（如图1-29所示）。

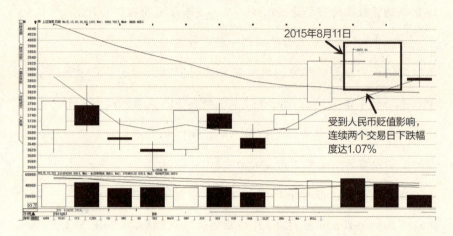

2015年8月11日

受到人民币贬值影响，连续两个交易日下跌幅度达1.07%

图1-29　2015年7月至8月上证指数K线图

虽然在人民币贬值的经济环境下，上证指数的表现不尽如人意，但是这并不意味着股民失去了所有投资机会。虽然人民币贬值已经成为不争的事实，但是受到贬值的影响，类似黄金、贵金属等行业却迎来了新一轮"春天"。

山东黄金（股票代码：600547）是一家以冶炼、生产、销售黄金为主营业务的上市公司，在2015年8月11日至12日，也就是人民币连续大跌的两天里，该股不但形成了向上跳空的走势，并且在这两个交易日里，都形成冲击涨停板的现象。由此可见，对于股民朋友来说，在经济面发生恶化的时候，并不意味着所有投资机会都随着经济面的变化消失，只要股民朋友能够细心分析股市行情，从表面现象中挖掘出适合的投资机会，就能为自己带来一份丰厚的回报（如图1-30所示）。

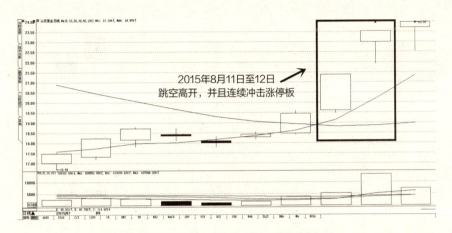

图1-30　2015年7月至8月山东黄金K线图

问题：

结合图1-31、图1-32，说明人民币贬值对于股民及上市公司是否为绝对的利空消息。

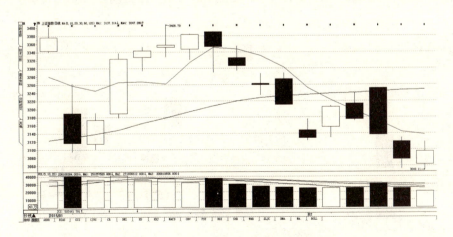

图1-31　2015年1月至2月上证指数K线图

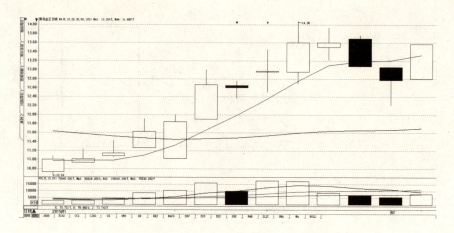

图1-32　2015年1月至2月青岛金王K线图

答案：

2015年1月至2月，受到人民币贬值的影响，上涨指数从1月23日的3 406.79点下跌至2月9日的3 049.11点，跌幅达10.50%。然而在1月13日至1月28日这段时间，青岛金王（股票代码：002094）的股价却从10.64元上涨至14.06元。由此可见，人民币贬值的时候，部分行业或者个股处于收益状态，股价不但不会下跌，还会上涨（如图1-33、图1-34所示）。

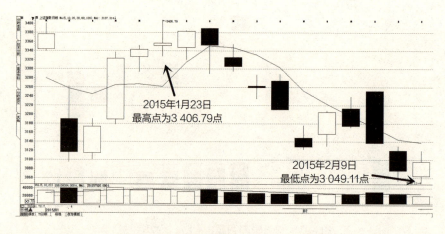

图1-33　2015年1月至2月上证指数K线图

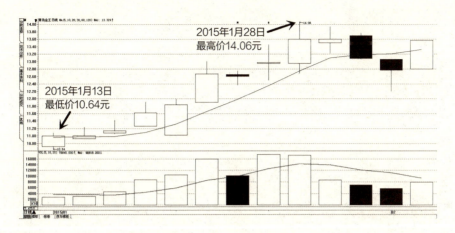

图1-34 2015年1月至2月青岛金王K线图

第七节　权威消息

>>概念精读

　　新闻媒体是股民朋友获取股市消息，尤其是经济面消息最快捷、最实用的信息来源。对于股民朋友来说，不需要了解社会上所有的消息，只要关注有关股市的那部分消息即可。具体来说，最需要关注的是那些能够帮助自己获利的消息。但是如今各种信息"泛滥成灾"，真假难辨，股民朋友如果将一个假消息作为投资参考，就很可能会因此受到经济损失。所以，一个真实的、有价值的消息对于股民朋友来说十分重要。

>>要点解析

　　1. 与专业机构相比，普通股民在专业知识、信息渠道以及资金等方面都处于劣势，获取经济面信息的能力极为有限，方式也比较单一，他们获取经济面信息的途径通常是新闻媒体。

　　2. 散户加工、消化经济面信息的能力比较差，一旦媒体公布利好消息，散户就大量跟进，导致股价攀升；反之，则一味地看空后市，致使股价大幅下跌（如图1-35所示）。

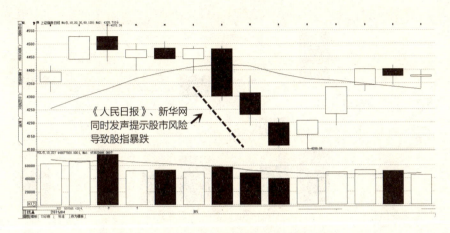

图1-35　2015年4月至5月上证指数K线图

3. 《新闻联播》的报道因其客观性而成为散户最好的经济面信息来源。虽然《新闻联播》从来不会直接告知股民股市的涨跌，但是很多炒股高手在细读其报道的过程中，尤其是在出现相关经济信息的时候，会逐字逐句地揣摩，力图挖掘出更深一层次的内容。

4. 股民要想从《新闻联播》中找到经济面的消息，一般要重点关注某些关键词的出现。例如，2015年下半年人民币贬值成为股市下跌的原因之一；但是在同年9月21日《新闻联播》报道了国家领导人出访时称人民币不会持续贬值的消息，这一消息直接刺激了次日股价大幅上涨（如图1-36所示）。

>>实盘操练

2014年10月9日，国防科工局公布了《国防科技工业全面深化改革总体方案（征求意见稿）》和《关于推进国防科技工业军民融合深度发展的若干政策措施建议（征求意见稿）》，预计2015年下半年开始实施。

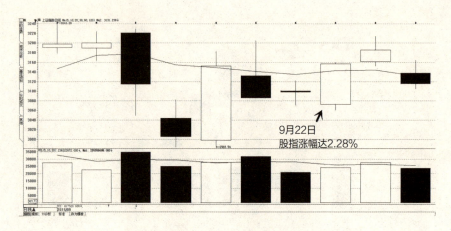

图1-36 2015年9月上证指数K线图

在这两份文件以及9月3日纪念抗日战争暨反法西斯战争胜利70周年大阅兵的刺激下，军工板块一路高歌直上，从2015年8月11日的0.846点上涨至9月16日的0.973点，其间涨幅达15.01%。而这些消息都曾在权威媒体上公布过，如果股民朋友能够主动搜集到这些信息，并加以细致加工、处理，那么就能较为容易地捕捉到这一投资良机（如图1-37所示）。

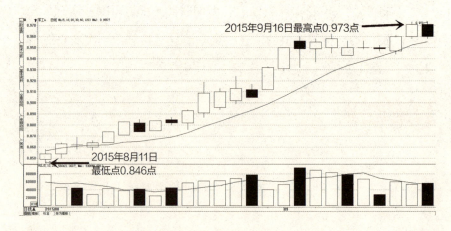

图1-37 2015年8月至9月军工A K线图

问题1：

试从现有的主流媒体中列举一些权威消息机构。

答案：

现有主流媒体中，权威的消息机构有：

《中国证券报》

《证券日报》

《信息时报》

《东方财富网》

《环球经济网》

问题2：

下列选项中正确的是（   ）

A. 只要是《新闻联播》中播报的内容就能体现在股市中。

B. 权威途径传出的经济面信息都非常直白，股民朋友拿来就能应用到股市中。

C. 股民朋友在搜集信息的时候，要首先选择权威的新闻媒体，不要轻易相信小道消息或者个人的微博、股评等。

答案：

C。

《新闻联播》虽然具有极高的客观性，但是内容涉及很多方面，其中部分消息与股市发展关系不大，因此A为错误选项。选项B中，权威途径传出的消息通常都需要消化、分解后才能利用，因此B选项也是错误的。

第二章

行业基本面

　　虽然通过对经济基本面的分析，我们能够推导出国民经济的大致情况，但是各个行业的发展情况未必与整体经济走势一致。因此，股民朋友在做好经济基本面分析的基础上，还应该做好行业基本面的分析，只有这样才能更加明确地掌握某一个行业的具体发展情况，并根据这一要素挖掘出股市中具有投资价值的行业。

第一节 行业的生命周期

>>概念精读

在市场中，任何一个行业都要经历由成长到衰退的过程，即行业的生命周期（行业周期）。有的行业需要很长的时间来经历这一过程，则这类行业的生命周期较长；有的行业只经历了较短的时间便到了衰退阶段，这意味着这类行业的生命周期较短。具体来说，通过行业不同时期的具体表现，可以将行业的生命周期分为四个阶段，也就是幼稚期、成长期、成熟期以及衰退期。

>>要点解析

（一）幼稚期

处于幼稚期的行业，由于其发展的时间较短，因此只有很少的公司会加入这一新兴行业的投资队伍中。由于这类行业的研究、开发等成本较高，并且大众对其认知较少，市场需求狭窄，整体的利润水平通常都比较低（如图2-1所示）。如果股民朋友投资这类行业，就可能面临较大的风险。所以，能够购买这类行业的股票的股民通常都具有较强的投机心理。

随着生产技术的提高，处于幼稚期的行业的生产成本可能会越来越低，大众认知程度则会越来越高，这样就可能使其从具有高风险、低收益特性的幼稚期逐步进入高风险、高收益的成长期。

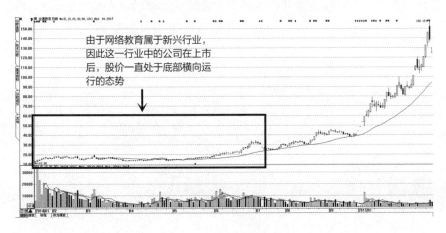

由于网络教育属于新兴行业，因此这一行业中的公司在上市后，股价一直处于底部横向运行的态势

图2-1　幼稚期示意图

（二）成长期

经过对产品的不断宣传以及大众的认知与接受，处于幼稚期的新兴行业会逐步进入成长期，此时市场需求开始上升，新兴行业也从无人问津慢慢变得繁荣起来。由于能够发展到成长期的新兴行业通常都具有较好的市场前景，投资这类行业的人也会变得越来越多，最终形成有利于公司发展的良性循环。

一般情况下，成长期会持续数年，甚至是数十年。如此长的时间周期会导致市场的需求日益饱和，如果公司仅仅靠扩大产量、提高市场份额来增加收入，那么在竞争激烈以及新兴产品不停推出的市场环境中就很难生存下去。因此，还必须依靠提高生产技术来降低生产成本以及研究、开发新产品来取得竞争优势。所以对于处于成长期行业的公司来说，虽然利润增长显著，但是面临的风险也极高，这一阶段的公司破产率以及被收购率非常高。

在成长期，虽然行业整体规模在增加，但是由于不确定因素的减少，整个行业的后市发展情况具有了可预测性，比如2014年家具行业进入成长期后，处于家具行业的上市公司的股票因此受益（如图2-2所示）。此时股民朋友投资这类行业遭受巨大损失的可能性大大降低，因此，成长期也被称为"黄金投资期"。

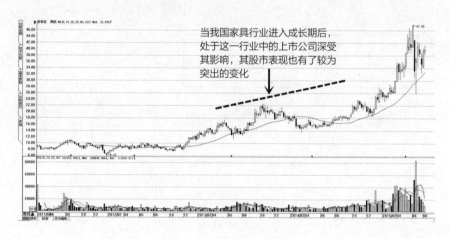

当我国家具行业进入成长期后，处于这一行业中的上市公司深受其影响，其股市表现也有了较为突出的变化

图2-2　成长期示意图

（三）成熟期

一般来说，行业的成熟期持续的时间通常都比较长。在成熟期，很多公司由于无法适应激烈的市场竞争而开始走下坡路，甚至是被市场淘汰，而一部分大厂商则垄断了整个行业的市场。厂商之间的竞争手段也逐渐从最低等的价格比拼，逐步上升到非价格手段，比如提高质量、完善售后服务等。行业内的公司的利润达到了比较高的水平，并且风险也因为占有较高的市场份额而变低（如图2-3所示）。

在行业成熟期，往往上市公司的股票的价格会呈现出稳定上升的趋势。如果股民朋友能够在适当的时间买入，那么收益就会随着公司效益的稳定上升而增加。

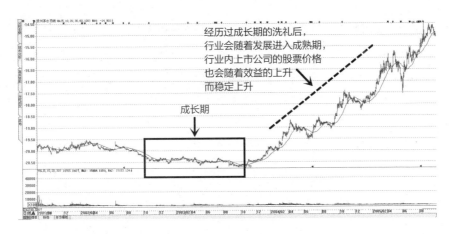

图2-3　成熟期示意图

（四）衰退期

一般来说，衰退期通常出现在较长时间的稳定增长之后。由于新型产品以及廉价替代品的出现，原行业的市场需求变得越来越少，产品销售量随之变得越来越少，此时部分厂商多会选择以转型或者扩张为主要发展途径，至此，原行业开始进入生命周期的最后阶段。在衰退期，厂商的数量会变得越来越少，整体效益也呈现停滞不前甚至是缩减的态势（如图2-4所示）。

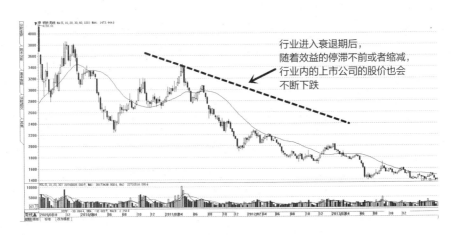

图2-4　衰退期示意图

当某一行业进入衰退期的时候，股民朋友应该及时抛出手中的持股，不要再抱有更多的幻想。要知道，此时持有处于衰退期行业的上市公司的股票，不但会使自己面临巨大的风险，还会错失其他的获利良机。

如果股民朋友能够根据行业周期的特性，选择一只合适的股票进行投资，那么就能在很长的一段时间里，直接分享上市公司为你带来的收益；如果股民朋友没有仔细研究行业周期，选择了一只处于衰退期的上市公司的股票，那亏损就成为必然的结局。

>>实盘操练

同仁堂（股票代码：600085）是北京市政府授权经营国有资产的国有独资公司。同仁堂始创于1669年，至今已有346年的历史。

自同仁堂创立起，就一直恪守着"炮制虽繁必不敢省人工，品味虽贵必不敢减物力"的古训，树立"修合无人见，存心有天知"的自律意识。虽然自1997年6月该股上市后，由于市场认可度低，行业处于幼稚期等原因，其股价并没有非常突出的表现，但是经过一段时间的磨砺和行业的成长后，在行业进入成长期的时候，其股价便有了不俗的表现。

从图2-5中可以看到，受到2008年金融风暴的影响，在经历了较长时间的成长期后，该股股价产生了一定程度的回落。但是在金融风暴的影响被消磨后，随着行业进入成熟期，该股股价也开始不断上涨。如果股民朋友能够在成长期过后及时买进该股，那么在之后很长的一段时间里，都能享受到上市公司带来的回报。

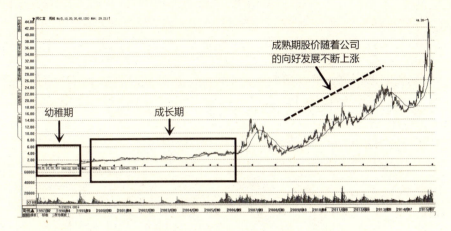

图2-5　1997年6月至2015年7月同仁堂K线图

问题1：

行业周期可分为哪四个阶段？

答案：

行业周期分为幼稚期、成长期、成熟期和衰退期四个阶段。

问题2：

结合图2-6说明，为什么成长期被称为"黄金投资期"？

图2-6　2012年9月至2014年10月永贵电器K线图

答案：

由于行业处于幼稚期的时候，大部分上市公司都处于发展初期，市场需求度不高，产品研发等成本较高，因此此时投资个股所面临的风险较大，股民朋友应该转向投资其他行业或者静观其后市发展情况；而当行业处于成长期的时候，由于该行业具有了一定的市场竞争力，如果公司能够全方位地提高自身竞争力，那么就能成功进入成熟期（如图2-7所示）。

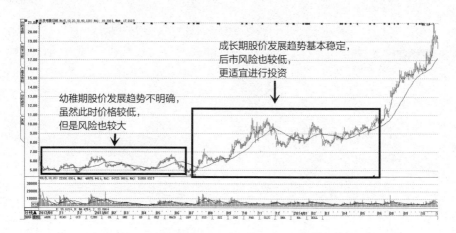

图2-7　2012年9月至2014年10月永贵电器K线图

第二节　行业政策

>>概念精读

　　所谓的行业政策是指国家针对一些行业出台的鼓励性或者限制性政策。政府考虑到经济建设以及国计民生，会在政策上给予某些行业一定的优惠政策，以便能够促进这类行业的发展，比如新能源、交通、高科技等行业均属于政府扶持行业；而一些产能过剩、技术落后的行业，则会受到政策的限制。某些行业有着政府政策的支持以及良好的发展前景，属于这些行业的上市公司的业绩改善自然就有了保证。

>>要点解析

　　1. 行业政策的影响范围一般比较小，不会波及相关行业之外的领域。例如，政府颁布了一些与房地产有关的政策，那么与房地产有关的股票价格就会发生一定的变化（如图2-8所示）。

　　2. 通常来说，政策扶持的行业，就是投资机构或者股市大户资金注入的目标。政府扶持哪个行业，投资机构就投资什么股票，而当这些机构的资金注入量达到一定程度时，就会使股价出现翻番甚至是翻几番的暴涨行情（如图2-9所示）。

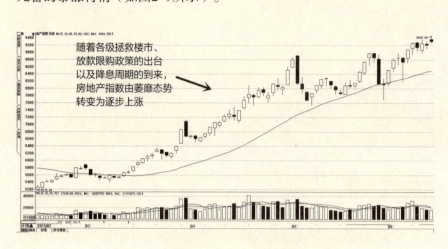

图2-8　2015年2月至6月上证地产指数K线图

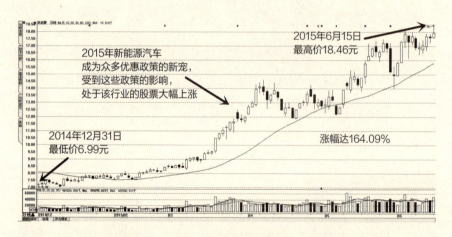

图2-9　2014年12月至2015年6月英威腾K线图

　　股民朋友在关注行业政策的时候，一定要确定其是否具有投资价值。如果股民朋友能够正确地认识行业政策带来的投资机会，在选股时选择一些政策扶持的行业，就很有可能搭上投资机构的顺风车，从而获得巨大的回报。

2015年工信部宣布将实施智能制造试点等专项行动，组织实施智能机器人、增材制造等产业的推进计划；以智能制造为主攻方向，以工业互联网和自主可控软硬件产品为重要支撑，以推广应用标准体系为主要抓手，以健全融合机制为重要保障，推进两化融合。

在政府政策大力支持以及优良的行业前景支撑下，与机器人制造行业有关的上市公司受益颇丰。三丰智能（股票代码：300276）是一家以智能输送成套设备的研发设计、生产制造、安装调试与技术服务为主营业务的上市公司，该公司是国内最早从事智能输送成套设备研发设计、生产制造、安装调试与技术服务的企业之一。在国家推进智能机器人发展的政策宣布后，该股股价一度从10.87元上涨至47.28元，涨幅达到了334.96%（如图2-10所示）。

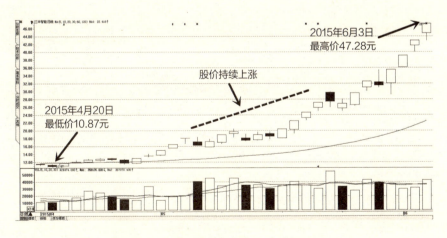

图2-10　2015年4月至6月三丰智能K线图

"十二五"期间，政府对环境治理的重视程度的增加，有利于科学检测仪器的加速发展。除此之外，阶梯式水价全面推广预期、食药监改革完成以及日益严重的雾霾问题也是促进科学检测仪器加快发展的原因之一。就市场需求而言，越来越多的新型产业开始兴起，政府大力扶持的物联网、智能电网等产业的发展也离不开科学检测仪器，国家对能源综合利用、环境保护提出了更为严格的要求，这一系列的市场变化以及政策颁布，使得仪器仪表行业成为市场资金关注的焦点。

　　天瑞仪器是一家专业的以X荧光光谱分析仪研发、生产、销售为一体的上市公司。受到整体市场环境以及政府政策的影响，在2014年12月23日至2015年6月2日这段时间里，该股股价从12.47元逐步上涨至44.75元，其间涨幅达258.86%。如果股民朋友能够及时从市场中捕捉到行业政策提供的信息，并且买进该股，那么就能够享受一波巨大的上涨行情（如图2-11所示）。

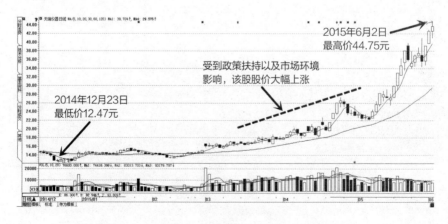

图2-11　2014年12月至2015年6月天瑞仪器K线图

问题1：

隶属于政策扶持行业的上市公司，其股价一定会上涨吗？

答案：

不一定。2015年政府颁布多条扶持农业的政策，比如种粮直补政策，良种补贴政策，农机购置补贴政策，新增补贴向粮食等重要农产品、新型农业经营主体、主产区倾斜政策等，在这一系列政策的扶持下，农业发展应该呈现出积极向上的态势，但是受到整体经济环境、股灾等多方面因素的干扰，农业板块的走向趋势并没有表现出让人满意的上涨趋势（如图2-12所示）。因此，股民朋友在制定买卖策略的时候，还应该结合多方面因素，进行综合研判。

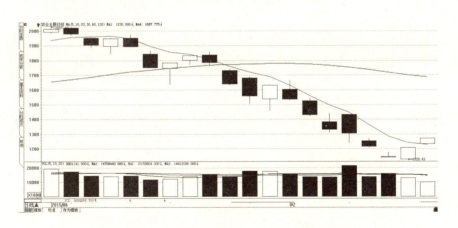

图2-12　2015年6月至7月上证农业主题K线图

问题2：

试从行业政策角度分析形成图2-13中走势的原因。

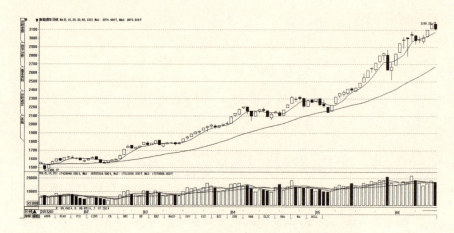

图2-13　2015年1月至6月新能源汽车指数K线图

答案：

自2015年年初，各地颁布了各式各样的新能源汽车扶持政策，例如天津颁布的"新能源车可直接上牌"、上海颁布的"对纯电动汽车补贴4万元"等都是这类政策的具体体现，也正是在这样的政策支持下，新能源汽车板块才从2015年1月19日的1 466.37点上涨至6月15日的3 188.26点，涨幅达到117.43%（如图2-14所示）。

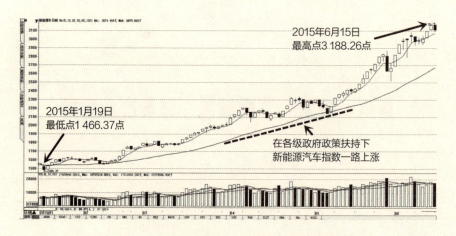

图2-14　2015年1月至6月新能源汽车指数K线图

第三节　行业前景

>>**概念精读**

在目前国内的股票市场中，有数千只个股，股民朋友若想快捷、方便地选择一只合适的股票进行投资，首先应该选择一个合适的行业，因为只有好的行业才更容易孕育出具有投资价值的股票。

上市公司的业绩很容易受到其所属行业整体发展情况的影响，如果上市公司属于朝阳产业，那么它对股民的吸引力就很大；如果上市公司属于夕阳产业，那么其发展前景就具有很大的局限性，不但投资收益无法得到保障，还会面临更大的风险。因此，股民朋友在进行投资之前，一定要弄清楚公司所属行业的前景。

本节介绍了几种具有较好发展前景的行业，供股民朋友作为投资参考。

>>**要点解析**

（一）医药行业

据相关数据显示，截至2014年11月，医药行业规模估值约为15 000亿元，医药上市公司达到200家，并且这一数字还在稳定增长。据此分析，中国医药行业估值很可能会在2020年超过100 000亿元。

　　随着产业整合和升级，医药行业具有非常好的发展前景，加之政府政策扶持，在其优秀行业基本面的支持下，上市公司的业绩会比较可观。如图2-15中，在优良基本面以及高行业前景的支撑下，医药板块上涨幅度达92.69%。对于股民朋友来说，选择一些竞争力较强的一线企业和具备较高成长性的医药企业作为自己的投资目标，就很可能为自己带来可观的回报。

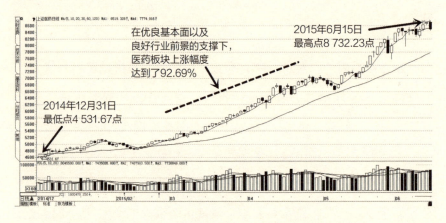

图2-15　2014年12月至2015年6月上证医药板块K线图

（二）新能源行业

　　一直以来，新能源产业始终扮演着展现一个国家和地区高新技术发展水平的角色。从宏观经济角度来看，新能源产业也是新一轮国际竞争战略的核心要素，世界发达国家已经将新能源产业作为顺应时代发展要求、推进产业结构优化的重要因素。

　　为了顺应可持续发展的需要，政府提出了区域专业化、产业集聚的方针，并把大力规划、发展新能源产业作为重要任务，相继出台了一系列扶持政策，使得中国新能源产业的发展速度加快。如果股民朋友能够选择一只具有较强的竞争力、研发能力的新能源上市公司，那么就很容易在该产业不断发展的过程中获得收益（如图2-16所示）。

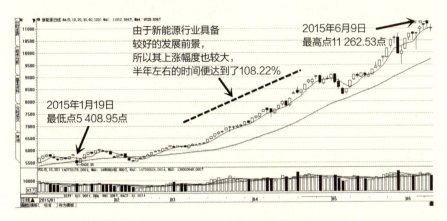

图2-16　2015年1月至6月新能源板块K线图

（三）移动互联网行业

根据有关数据显示，中国电子商务的发展速度是GDP发展速度的10倍，网上零售几乎以每年100%的速度在增长。在如此高速发展的形势下，虽然电子商务还未经过大幅整合优化，其未来的发展还具有一定的不确定性，但是就目前国内移动互联网行业的发展趋势来看，该行业创造的投资机会要远大于其具有的风险（如图2-17所示）。

图2-17　2015年1月至6月移动互联板块K线图

（四）农业

2014年2月，中央发布的一号文件强调，要大力培育农产品现代流通方式和业态，发展农产品网上交易。2015年7月，国家工商总局强调，将进一步积极支持农业龙头企业、农产品批发市场建立农产品网上交易市场。这些举措无疑为日渐火热的农产品电商添了一把"干柴"。中国是农业大国，虽然农业属于传统行业，但是在电商的干预下，传统行业与现代高新技术的结合，势必会创造出更多的投资机会（如图2-18所示）。

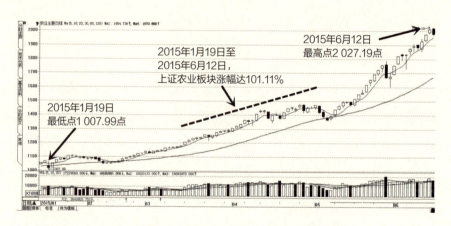

图2-18　2015年1月至6月上证农业板块K线图

（五）节能环保行业

2015年4月，国务院《关于加快推进生态文明建设的意见》提出了生态文明建设的具体目标。一方面，要求资源的利用更加高效，对部分资源利用指标，如单位GDP二氧化碳排放、非化石能源占一次能源消费比重等，均提出了高于"十二五"的标准。另一方面，要求生态环境质量总体改善，包括主要污染物排放总量继续减少，大气环境质量、土壤环境质量总体保持稳定等（如图2-19所示）。

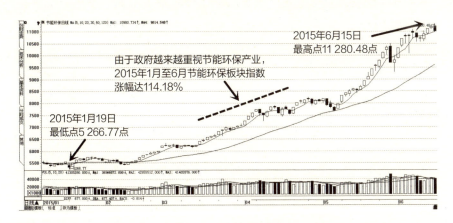

图2-19　2015年1月至6月节能环保板块K线图

从政府对节能环保行业的态度不难看出，未来节能环保行业将越来越受到国家的重视，在这样的环境下，可以预测节能环保行业的发展前景。

>>实盘操练

深圳能源（股票代码：000027）是一家以垃圾发电、风电、核电、LNG清洁能源、超超临界高效火电等新兴能源项目为主营业务的上市公司。其在发展的过程中先后荣获联合国工业发展组织能源与环境促进事业国际合作奖、联合国工业发展组织全球新型城镇化建设新能源示范企业、最受投资者尊重的百强上市公司等殊荣，并且在2014夏季达沃斯论坛暨新领军者年会上，还被授予"全球成长型公司"的荣誉称号。

随着国家对节能环保产业支持力度不断增强，深圳能源在2015年2月9日以9.32元的价格启动，经过不断上涨，截至6月10日，其最高价已经达到了27.25元，其间涨幅达192.38%。如果股民朋友能够确定一个具有较高发展前景的行业，并且从中选择一个具有高竞争力的上市公司，那么最终就会获得丰厚的回报（如图2-20所示）。

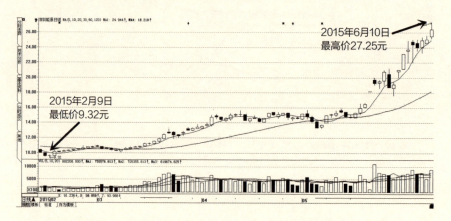

图2-20　2015年2月至6月深圳能源K线图

>>巩固练习

问题：

结合图2-21分析为什么说基建行业具有较好的发展前景。

图2-21　2015年2月至5月上证180基建K线图

答案：

第十二届全国人民代表大会第三次会议做出了加快推进"一带一路"计划的决议。对于基建类行业来说，"一带一路"的加速发展，无疑为其提供了更多的发展机遇，因此180基建指数能够从1 711.05点上涨至3 316.95点。由于"一带一路"是长期发展目标，因此，基建类行业也具有较大的发展空间（如图2-22所示）。

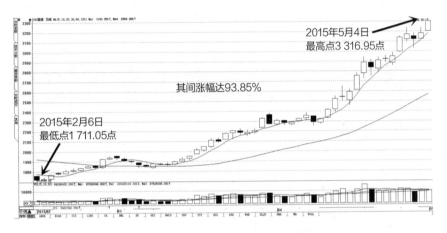

图2-22　2015年2月至5月上证180基建K线图

第四节 行业景气度

>>**概念精读**

在股市中，能够描述一个行业发展和变动的指标有很多，涉及行业整体经济环境以及行业未来发展方向的时候，股民朋友可使用行业景气度来研判某一个行业未来的发展趋势。

所谓的行业景气度，也就是日常生活中经常提到的行业景气指数，它是对一个行业的发展趋势以及增长情况的景气程度的分析概括，以便衡量一个行业的发展水平的指标。

具体来说，行业景气度主要源于企业景气调查，它是西方市场经济国家建立的一种统计调查制度。通过对企业家进行定期的问卷调查，并以企业家对企业经营状况以及宏观经济状况的判断和预期作为数据基础，来反映企业的生产经营状况、经济运行状况，最终结合企业家信心指数来预测出某一个行业在未来的发展趋势变化情况。

>>**要点解析**

（一）企业景气指数

企业景气指数（如图2-23所示）是根据企业家对本企业综合生产经营情况的判断与预期而编制的指数，用以综合反映企业的生产经营状况，其具体衡量标准为"好""一般""不良"。

全年企业景气指数

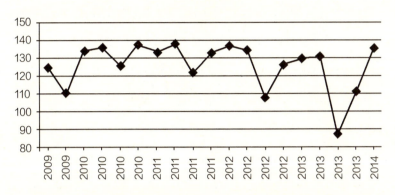

图2-23　2009年第三季度至2014年第一季度企业景气指数示意图

（二）企业家信心指数

企业家信心指数（如图2-24所示）是根据企业家对企业外部市场经济环境与宏观政策的认识、看法、判断与预期而编制的指数，用以综合反映企业家对宏观经济环境的感觉与信心，其具体衡量标准为"乐观""一般""不乐观"。

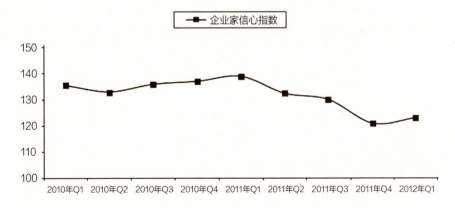

图2-24　企业家信心指数示意图

一般来说，景气指数的取值范围为0~200。100是景气指数的中间值，当一个行业的景气指数为100的时候，就说明景气状况变化不大；100~200为景气区间，当一个行业的景气指数位于这一区间的时候，意味着该行业具有良好的发展前景，业绩很有可能会大幅提高；0~100为不景气区间，行业景气指数位于这一区间的时候，表示该行业的发展前景一般，业绩非但没有大幅提高的可能性，还可能会出现大幅下滑。

>>实盘操练

据可靠监测数据显示，2015年上半年全国劳动力市场求大于供，在政策的支持下，生物制药行业的企业家信心指数达到了120左右，也就是说，生物制药行业具有良好的发展前景。

太极集团（股票代码：600129）是一家主要从事中成药、西药、保健用品的加工、销售，医疗包装制品加工的上市公司。经过不断的发展，太极集团已经成为中国企业500强之一，并且拥有三家上市公司："太极集团""桐君阁"和"西南药业"，在全国拥有6 000多家大药房、13 000名员工、9家制药厂以及20多家商业公司。

2015年4月29日，太极集团复牌后以18.68元的价格启动，由于其发展潜力大，行业前景好，因此在较短的时间内就吸引了市场资金的关注，截至6月9日，其最高价已经上涨至45.00元，其间涨幅达140.90%（如图2-25所示）。

2014年上半年，企业家对住宿餐饮业的信心指数只有86，处于100以下，也就是大多数企业家对该行业的发展前景并不十分看好。

全聚德（股票代码：002186）是中国餐饮行业中的佼佼者，虽然其基本面较为优秀，该股能够在短时间呈现出上涨趋势，但是在整体

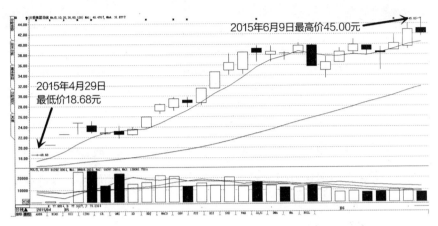

2015年6月9日最高价45.00元

2015年4月29日
最低价18.68元

图2-25　2015年4月至6月太极集团K线图

经济环境以及市场资金不看好其未来前景的前提下，依旧阻止不了其后市下跌的惨局。2014年3月3日，经过一段上涨行情的全聚德的股价达到了20.15元的高位，但是截至5月12日，其股价再度跌回15.79元，并且后市多以震荡为主要运行趋势。如果股民朋友能够细心搜集、关注有关企业家信心指数的信息，就很有可能使自己规避一次损失（如图2-26所示）。

2014年3月3日
最高价20.15元

2014年5月12日
最低价15.79元

图2-26　2014年3月至5月全聚德K线图

>>巩固练习

问题：

试举例说明行业景气度的重要性。

答案：

2014年7月，中经有色金属行业景气指数为55.3，通过结合2014年下半年的宏观经济状况以及行业政策分析，可以发现有色金属行业的后市发展趋势很难有所起色，2014年7月至11月的有色金属板块的K线图佐证了这一推断（如图2-27所示）。

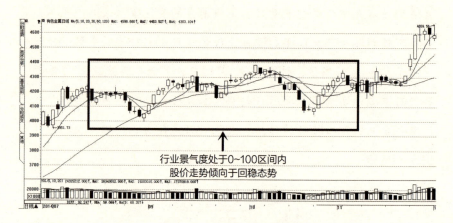

图2-27　2014年7月至11月有色金属板块K线图

第三章

公司基本面

在股市中，股票的价格始终围绕着价值波动，要想了解公司的内在价值，就要对公司的基本面进行分析。公司的基本面是投资者进行理性投资的重要依据，尤其是对长线股民来说，公司的基本面是长期价值的唯一决定因素。每一个投资者选择股票之前，都应该透彻分析公司的基本面。

第一节　企业获利能力

>>概念精读

>>概念精读

在股市中，炒股高手在分析一只股票的基本面时，最重视的就是对上市公司获利能力的分析。

"股神"巴菲特在进行股市投资的时候，不会刻意分析大势是涨还是跌，也不会专门研究市场中的供求关系，但是他会仔细分析上市公司的运营情况。也就是说，股民朋友如果想要做到真正的价值投资，那么就不应该只关注股票价格是否在上涨，还应该关注股票背后的上市公司能否持续创造盈利。

上市公司获利能力的大小，是股民朋友应该优先考虑的因素。一家上市公司获利能力的大小，直接决定了股民朋友所能获得的买卖差价的多少或者是股利、股息的多少，也就是说，上市公司的获利能力在很大程度上决定了投资者最终的收益。

>>要点解析

1. 要想研判上市公司是否具有持续盈利能力，需要从两个指标来分析，其中一个就是股东权益回报率（如图3-1所示）。它是一种可以衡量股东从公司所能获得回报的指标。其计算公式如下：

股东权益回报率（ROE）=上市公司所获净利润÷上市公司股东权益×100%

主要财务指标	2014一季
基本每股收益(元)	0.0072
基本每股收益(扣除后)	-
摊薄每股收益(元)	0.0072
每股净资产(元)	3.6741
每股未分配利润(元)	-0.5682
每股公积金(元)	2.9433
销售毛利率(%)	10.16
营业利润率(%)	1.14
净利润率(%)	0.43
加权净资产收益率(%)	0.20
摊薄净资产收益率(%)	0.20
股东权益(%)	30.26
流动比率	0.73
速动比率	0.64
每股经营现金流量(元)	0.2900
会计师事务所审计意见	未审计
报表公布日	2014-04-24

图3-1　股东权益回报率示意图

2. 除了股东权益回报率外，另一个能够衡量上市公司持续盈利能力的指标就是上市公司的净利润率（如图3-2所示）。其计算公式为：

上市公司净利润率=公司净利润÷净销售额×100%

主要财务指标	2014一季
基本每股收益(元)	0.0072
基本每股收益(扣除后)	-
摊薄每股收益(元)	0.0072
每股净资产(元)	3.6741
每股未分配利润(元)	-0.5682
每股公积金(元)	2.9433
销售毛利率(%)	10.16
营业利润率(%)	1.14
净利润率(%)	0.43
加权净资产收益率(%)	0.20
摊薄净资产收益率(%)	0.20
股东权益(%)	30.26
流动比率	0.73
速动比率	0.64
每股经营现金流量(元)	0.2900
会计师事务所审计意见	未审计
报表公布日	2014-04-24

图3-2　净利润率示意图

3. 股民朋友需要注意的是，即便上市公司目前的净利润率很高，也要进一步分析这种高利润率是在较短的时间内突然飙升形成的，还是经过较长时间的稳步增长形成的。

4. 在审视公司净利润率的时候，最理想的做法就是综合研究公司过去5~10年的纯利率，如果在过去较长一段时间里公司一直都保持着比较高的净利润率，那么就表示公司管理层对业务运营以及成本控制得比较好，未来还具备持续赢利的能力。

5. 对普通股民来说，想要透彻了解上市公司的管理效率、生产效率等数据是比较困难的事情。因此，股民朋友可以通过对上市公司每月营业额结算得快慢、营业额公布得早晚、股东大会是否能及时召开等因素来研判其经营效率。

6. 一般来说，处理例行事务效率比较高、能够领先公告财务报告、及时举行股东大会的上市公司，大部分业绩比较好。

>>实盘操练

乐普医疗（股票代码：300003）是一家从事冠状动脉药物、支架、造影机等心血管疾病植介入诊疗器械设备及心血管药品研发、生产与销售的中外合资高新技术企业，也是2009年在深交所创业板首批上市的28家企业之一。

由于乐普医疗有着优良的基本面，并且属于高新技术企业，因此不管是其高层的管理策略还是营业收入都有着让人满意的表现。该上市公司发布的公告显示，在2013年1月至2015年6月这段时间里，乐普医疗的净利润率一直在25~30之间来回波动，这说明该上市公司的业绩与偿债能力都维持在比较合理的水平，公司未来的营业收入极有可能呈现稳步上升的态势。因此，该上市公司股价才能由2012年12月4日的最低价7.20元，一路攀升至2015年6月15日的最高价57.80元，其间涨幅达到了702.78%（如图3-3所示）。

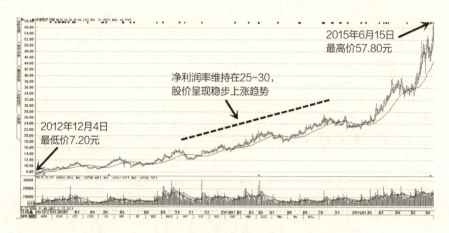

图3-3　2012年12月至2015年6月乐普医疗K线图

>>巩固练习

问题1：

结合图3-4、图3-5分析"股东权益回报率越高就越好"这一说法是否正确。

主要财务指标	2015一季	2014末期	2014三季	2014中期
基本每股收益(元)	0.0700	0.2100	0.1566	0.1314
基本每股收益(扣除后)	-	0.0500	-	0.1230
摊薄每股收益(元)	0.0685	0.2115	0.1566	0.1314
每股净资产(元)	2.5119	2.4458	2.3830	2.3640
每股未分配利润(元)	1.1580	1.0920	1.0682	1.0492
每股公积金(元)	0.1939	0.1939	0.1922	0.1922
销售毛利率(%)	30.69	25.97	24.90	26.39
营业利润率(%)	12.63	2.94	8.60	12.14
净利润率(%)	9.38	6.97	6.92	10.39
加权净资产收益率(%)	2.76	9.05	6.78	5.72
摊薄净资产收益率(%)	2.73	8.65	6.57	5.56
股东权益(%)	58.24	57.97	54.47	52.87
流动比率	1.90	1.91	1.90	1.84
速动比率	1.31	1.35	1.33	1.30
每股经营现金流量(元)	0.0052	0.0982	-0.1960	-0.1438
会计师事务所审计意见	未审计	无保留	未审计	未审计
报表公布日	2015-04-27	2015-04-23	2014-10-24	2014-08-28

图3-4　2014年中期至2015年一季度亿纬锂能财务指标表截图

图3-5　2014年6月至2015年3月亿纬锂能K线图

答案：

通过分析亿纬锂能（股票代码：300014）的财务指标表以及K线图，可以判断"股东权益回报率越高就越好"这一说法是错误的。从该股的财务指标表中可以看到，2014年中期至2015年一季度，该股归属上市公司的股东权益回报率一直高居50%以上，但是从该股同一时期的K线走势图上可以看到，2014年下半年，该股整体呈现震荡下跌的趋势；在2015年1月甚至还出现了暴跌行情，因此，不能说股东权益回报率越高就越好（如图3-6、图3-7所示）。

主要财务指标	2015一季	2014末期	2014三季	2014中期
基本每股收益(元)	0.0700	0.2100	0.1566	0.1314
基本每股收益(扣除后)	-	0.0500	-	0.1230
摊薄每股收益(元)	0.0685	0.2115	0.1566	0.1314
每股净资产(元)	2.5119	2.4458	2.3830	2.3640
每股未分配利润(元)	1.1580	1.0920	1.0682	1.0492
每股公积金(元)	0.1939	0.1939	0.1922	0.1922
销售毛利率(%)	30.69	25.97	24.90	26.39
营业利润率(%)	12.63	2.94	8.60	12.14
净利润率(%)	9.38	6.97	6.92	10.39
加权净资产收益率(%)	2.76	9.05	6.78	5.72
摊薄净资产收益率(%)	2.73	8.65	6.57	5.56
股东权益(%)	58.24	57.97	54.47	52.87
流动比率	1.90	1.91	1.90	1.84
速动比率	1.31	1.35	1.33	1.30
每股经营现金流量(元)	0.0052	0.0982	-0.1960	-0.1438
会计师事务所审计意见	未审计	无保留	未审计	未审计
报表公布日	2015-04-27	2015-04-23	2014-10-24	2014-08-28

图3-6　2014年中期至2015年一季度亿纬锂能财务指标表截图

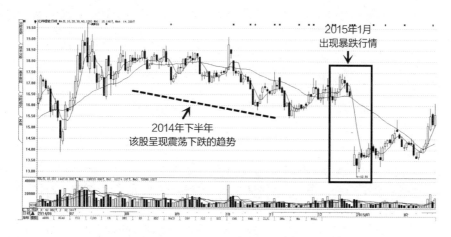

图3-7　2014年6月至2015年3月亿纬锂能K线图

问题2：

试结合图3-8、图3-9分析"净利润率越高，股价越容易上涨"是否正确。

主要财务指标	2014一季	2013末期
基本每股收益(元)	0.3100	0.4900
基本每股收益(扣除后)	-	0.2900
摊薄每股收益(元)	0.3053	0.4879
每股净资产(元)	3.4400	3.2400
每股未分配利润(元)	1.1026	0.9513
每股公积金(元)	1.2291	0.0931
销售毛利率(%)	64.69	50.05
营业利润率(%)	237.76	35.87
净利润率(%)	180.56	29.30
加权净资产收益率(%)	8.38	18.46
摊薄净资产收益率(%)	8.86	15.04
股东权益(%)	53.85	54.42
流动比率	1.59	1.51
速动比率	1.36	1.25
每股经营现金流量(元)	0.0500	0.4200
会计师事务所审计意见	未审计	无保留
报表公布日	2014-04-24	2014-03-27

图3-8　2013年末期至2014年一季度华谊兄弟财务指标表截图

图3-9　2013年11月至2014年6月华谊兄弟K线图

答案：

在分析上市公司净利润率的时候，除了要看其数值外，还需要看上市公司的净利润率是逐步上涨至高位的，还是突然暴涨至高位的。例如，华谊兄弟（股票代码：300027）2013年末期的净利润率仅为29.30%，而到了2014年的第一季度，其净利润率突然暴涨到了180.56%。但是在分析其K线走势图的时候就能发现，在高净利润率的背后，该股股价却呈现出了下跌趋势，并且从34.90元的高位下跌到了20.35元，其间跌幅达到了41.69%（如图3-10、图3-11所示）。

主要财务指标	2014一季	2013末期
基本每股收益(元)	0.3100	0.4900
基本每股收益(扣除后)	-	0.2900
摊薄每股收益(元)	0.3053	0.4879
每股净资产(元)	3.4400	3.2400
每股未分配利润(元)	1.1026	0.9513
每股公积金(元)	1.2291	0.0931
销售毛利率(%)	64.69	50.05
营业利润率(%)	237.76	35.87
净利润率(%)	180.56	29.30
加权净资产收益率(%)	8.38	18.46
摊薄净资产收益率(%)	8.86	15.04
股东权益(%)	53.85	54.42
流动比率	1.59	1.51
速动比率	1.36	1.25
每股经营现金流量(元)	0.0500	0.4200
会计师事务所审计意见	未审计	无保留
报表公布日	2014-04-24	2014-03-27

图3-10　2013年末期至2014年一季度华谊兄弟财务指标表截图

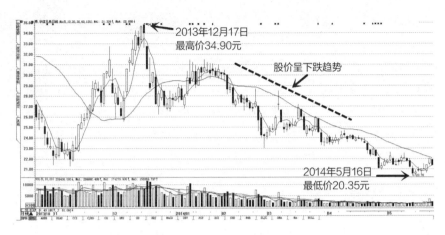

图3-11　2013年11月至2014年5月华谊兄弟K线图

第二节 每股收益

>>概念精读

　　每股收益是指公司税后所得净利润与股本规模的比值。在分析公司基本面的时候，每股收益是不可忽视的一个重要数据。它不但是反映公司赢利能力的重要指标，也是分析股票价值的基础性指标。一般情况下，每股收益越高的公司，其赢利能力就越强，从长线角度来看，这类股票的价格通常都处于一个比较高的位置。因此，对于投资者来说，购买这类股票所要付出的本钱也更多。

　　通过对众多上市公司以及其相关股票的分析可以发现，虽然股票市场一直存在着各种各样的不确定性，但是上市公司的业绩始终是一个与股价走势密切相关的重要因素，因为上市公司的业绩直接决定了其净利润。事实上，在真正完善的市场机制中，股民所获得的利益应该来自上市公司，而不是来自其他股民。因此，股民朋友应该重视能够反映上市公司业绩的每股收益，以便在投资过程中，降低自己面临的风险。

>>要点解析

　　1. 连续五年（2010—2014年）每股收益冠军的平均涨幅达到了

24.75%，而上证综合指数的平均涨幅只有10.73%。每股收益冠军平均涨幅超过上证综合指数平均涨幅14.02%。

2. 在连续五年中，每股收益冠军涨幅共有三年为正值，其中2011年的跌幅仅为2.43%，相比其他年份来说，浮动较小。

3. 虽然2013年的每股收益冠军的跌幅要比上证综合指数多，但是整体涨幅却比上证综合指数高（如表3-1所示）。

表3-1　2010年至2014年每股收益冠军列表

年份	收益冠军	当年涨幅（%）	上证综合指数涨幅（%）	超过指数百分点
2010	潍柴动力	70.30	16.30	86.60
2011	贵州茅台	−2.43	−23.74	21.31
2012	贵州茅台	20.43	4.45	15.98
2013	贵州茅台	−41.29	−8.98	−32.31
2014	贵州茅台	75.84	62.60	13.24

4. 虽然每股收益冠军要在年报披露后才能知晓，但是分析历史数据的意义，就在于通过历史来对未来做出展望和预测。对于股民来说，一个业绩平稳、具有持续赢利能力的上市公司，是永远值得投资的目标。

5. 每股收益虽然能够较为直观地体现出上市公司的赢利能力，但是需要注意的是，每股收益的可比性较差，不能将其作为不同的上市公司或者处于不同行业的上市公司之间比较的标准。

6. 一般来说，每股收益会在上市公司进行送股、配股、发行新股后被摊薄，股民朋友如果遇到这样的情况，应该先进行数据处理后，再将其作为研判依据。

7. 每股收益是一个比较简单的数据，在进行研究时，还需要进一步关注每股收益是怎样构成的，这就要参考另外一个数据——现金流。

8. 通常相较于每股收益来说，现金流是更加真实的基本财务数据，它决定了一家上市公司的存亡。因此，现金流也被称为上市公司的生命线（如图3-12所示）。

现金流量表摘要

指标(单位:万元)	2015一季	2014末期	2014三季	2014中期
经营现金流入小计	2814.95	16231.19	12736.81	6423.40
经营现金流出小计	2351.25	14596.60	11518.78	6860.61
经营现金流量净额	463.70	1634.59	1218.03	-437.21
投资现金流出小计	-	0.27	0.27	0.16
投资现金流量净额	-	-0.27	-0.27	-0.16
现金等的净增加额	463.70	1634.32	1217.76	-437.37

图3-12 现金流量摘要表示意图

9. 股民朋友在利用现金流分析一家上市公司业绩的时候，需要掌握一个原则，那就是在过去两年内上市公司的利润总额与经营性现金流的总额相对应，才意味着这家上市公司的利润是真实的，否则就失去了其评判公司赢利能力的功能。

现金流与每股收益在研判公司赢利能力的时候，具有相同的功能，两者之间的不同点在于现金流比每股收益显示的数据更为真实，更能反映出一家公司的经营情况。如果一家上市公司的每股收益很高，但是现金流却极小甚至是负数的时候，每股收益的数值就失去了参考价值。

>>实盘操练

从中信证券（股票代码：600030）2013年中期到2014年一季度的财务报表中可以看到，在2013年三、四季度，其每股收益分别达到了0.34元和0.48元，虽然数值不高，但却处于上涨趋势。

此时我们再来观察该上市公司的股价走势。从该股K线走势图中可以发现，在2013年9月至12月这段时间里，该股股价呈现出较为剧烈的震荡走势，并没有形成稳定的上涨行情。

通过进一步的分析，可以发现虽然该上市公司的每股收益是正值，但是其同时期现金流却是负值，也就是说其实际业绩并不怎么样。但是如果股民朋友仅仅以每股收益作为研判的标准，那么就会使自己承担较大的风险（如图3-13、图3-14所示）。

主要财务指标	2014一季	2013末期	2013三季	2013中期
基本每股收益(元)	0.1200	0.4800	0.3400	0.1900
基本每股收益(扣除后)	-	0.4800	0.3400	0.1900
摊薄每股收益(元)	0.1189	0.4760	0.3355	0.1915
每股净资产(元)	8.0100	7.9600	7.8861	7.6590
每股未分配利润(元)	2.4384	2.3266	2.3247	2.1807
每股公积金(元)	3.0184	3.1247	3.1433	3.0553
销售毛利率(%)	39.89	42.57	45.66	44.81
营业利润率(%)	39.89	42.57	45.66	44.81
净利润率(%)	27.64	32.54	35.77	34.92
加权净资产收益率(%)	1.48	6.02	4.24	2.42
摊薄净资产收益率(%)	1.48	5.98	4.25	2.50
股东权益(%)	27.68	32.32	32.44	42.38
每股经营现金流量(元)	0.2900	-1.6900	-1.9775	-1.6896
会计师事务所审计意见	未审计	无保留	未审计	未审计
报表公布日	2014-04-30	2014-03-28	2013-10-31	2013-08-30

图3-13　2013年中期至2014年一季度中信证券财务报表截图

图3-14　2013年6月至12月中信证券K线图

>>巩固练习

问题1：

每股收益越低的股票，其后市形成的上涨幅度就越小。试结合图3-15分析这一说法是否正确。

主要财务指标	2015一季	2014末期	2014三季	2014中期
基本每股收益(元)	-0.0100	-0.1900	-0.0900	-0.0800
基本每股收益(扣除后)	-	-0.2000		-0.0900
摊薄每股收益(元)	-0.0121	-0.1864	-0.0886	-0.0809
每股净资产(元)	0.9132	0.9253	1.0300	1.0377
每股未分配利润(元)	-0.9726	-0.9605	-0.8581	-0.8505
每股公积金(元)	0.8339	0.8339	0.8222	0.8222
销售毛利率(%)	7.46	7.30	7.76	7.12
营业利润率(%)	-4.18	-4.75	-3.24	-4.33
净利润率(%)	-1.20	-3.56	-2.20	-3.10
加权净资产收益率(%)	-1.32	-18.25	-7.88	-7.51
摊薄净资产收益率(%)	-1.33	-20.15	-8.60	-7.80
股东权益(%)	20.55	21.64	21.92	19.87
流动比率	0.45	0.41	0.51	0.58
速动比率	0.29	0.27	0.36	0.40
每股经营现金流量(元)	0.0618	0.8848	0.4777	0.2512
会计师事务所审计意见	未审计	无保留	未审计	未审计
报表公布日	2015-04-27	2015-02-17	2014-10-30	2014-08-26

图3-15　2014年中期至2015年一季度澳洋科技财务报表截图

答案：

虽然自2014年中期到2015年一季度，澳洋科技（股票代码：002172）的每股收益一直是负值，但是其股价却呈现出持续上涨的趋势。2014年7月23日，该股最低价为4.96元，截至2015年4月13日，其最高价已经上涨至13.19元，其间涨幅达到了165.93%。因此，可以说"每股收益越低的股票，其后市形成的上涨幅度就越小"这一说法不正确（如图3-16、图3-17所示）。

主要财务指标	2015一季	2014末期	2014三季	2014中期
基本每股收益(元)	-0.0100	-0.1900	-0.0900	-0.0800
基本每股收益(扣除后)	–	-0.2000	–	-0.0900
摊薄每股收益(元)	-0.0121	-0.1864	-0.0886	-0.0809
每股净资产(元)	0.9132	0.9253	1.0300	1.0377
每股未分配利润(元)	-0.9726	-0.9605	-0.8581	-0.8505
每股公积金(元)	0.8339	0.8339	0.8222	0.8222
销售毛利率(%)	7.46	7.30	7.76	7.12
营业利润率(%)	-4.18	-4.75	-3.24	-4.33
净利润率(%)	-1.20	-3.56	-2.20	-3.10
加权净资产收益率(%)	-1.32	-18.25	-7.88	-7.51
摊薄净资产收益率(%)	-1.33	-20.15	-8.60	-7.80
股东权益(%)	20.55	21.64	21.92	19.87
流动比率	0.45	0.41	0.51	0.58
速动比率	0.29	0.27	0.36	0.40
每股经营现金流量(元)	0.0618	0.8848	0.4777	0.2512
会计师事务所审计意见	未审计	无保留	未审计	未审计
报表公布日	2015-04-27	2015-02-17	2014-10-30	2014-08-26

图3-16　2014年中期至2015年一季度澳洋科技财务报表截图

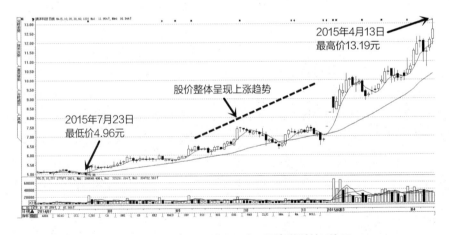

图3-17　2014年7月至2015年4月澳洋科技K线图

问题2：

在分析一家上市公司的赢利能力时，除了要参考每股收益外，还需要参考下列那一项指标？

A. 每股公积金

B. 股东权益率

C. 净利润率

D. 现金流

答案：

D。

现金流具有较高的可信度，并且能够弥补每股收益的缺陷，使综合研判得出的结论的准确度更高。

第三节　企业核心竞争力

　　从基本面的角度来说，上市公司的股价之所以能够不断上涨，是因为公司具有足够的内在价值，而这个价值则体现在企业的核心竞争力上。

　　所谓的核心竞争力指的是公司内部经过了整合的知识和技能。可以说，公司的核心竞争力是支撑公司过去、现在和未来发展趋势的基础，一家能够在激烈的市场竞争中不断取得主动权的上市公司，其核心竞争力必然会很强。具有真正的核心竞争力的公司通常都会将提高市场份额作为促使股价上涨的动力，而不是通过提高产品价格来达此目的。

　　对于股民朋友来说，一些缺乏核心竞争力的公司，最终带来的很可能是亏损而不是收益。只有具有核心竞争力的公司才是真正意义上的优质公司，这类公司不但推动股价上涨的速度要比一般公司快，并且还能给股民带来稳定、长久的收益。因此，对于股民来说，研判出一家上市公司是否具有较强的核心竞争力是一件非常重要的事情。

　　要想评价一家上市公司是否具有核心竞争力，需要从主营业务收入、每股收益、净利润、每股经营现金流量等几个方面入手。

>>要点解析

（一）主营业务收入

　　1. 从主营业务收入既能看出一家公司的经营业务的规模，也能看出其发展趋势（如图3-18所示）。

2014末期每股收益(元):-0.1900	净利润同比增长 (%):-598.59
2014末期主营收入(万元):293116.44	主营收入同比增长 (%):-10.57
2014末期每股经营现金流(元):0.8848	净资产收益率 (%):-18.25

图3-18 主营业务收入示意图

2. 主营业务的规模直观地表现出了公司在同行业中的地位和市场占有率。

3. 相较于其他指标来说，主营业务收入具有更真实、更客观、可比性高的特点，它也是股民在选择潜力股时的重要参考数据。

（二）每股收益

1. 每股收益是将公司的净利润除以公司的总股份，它反映了公司每一股所具有的当前获利能力（如图3-19所示）。

每股收益 (元):-0.0098	目前流通(万股) :53754.97
每股净资产 (元):1.0300	总 股 本(万股) :69488.15
每股公积金 (元):0.9440	主营收入同比增长 (%):-9.90
每股未分配利润(元):-0.7829	净利润同比增长 (%):78.99
每股经营现金流(元):0.0498	净资产收益率 (%):-1.32

图3-19 每股收益示意图

2. 公司财务报表上的净利润数值并不一定能反映出企业的实际获利情况。

3. 企业采取的会计处理方式不同，可能会得出不同的数值。

4. 新股民朋友们要特别关注企业应收账款的变化情况是不是与企业营业收入的变化情况相适应，如果收账款的增长速率大大高于收入的增长速率，那么可能一部分已经加入计算的利润收不回来，这样其净利润数值的准确度就大大降低。

（三）净利润

1. 净利润指的是公司扣除税收的利润余额。

2. 公司的利润主要由两部分组成：主营业务收入和其他业务收入
（如图3-20所示）。

投资收益	234.21	1253.02	548.40
营业外收支净额	-	104.27	-54.40
利润总额	96.82	2480.19	1245.38
净利润	55.16	2173.86	921.45

图3-20　净利润示意图

3. 净利润是分析企业价值的重要指标，能够创造足够高的利润的
公司才是有价值的公司。

4. 在观察一家上市公司的主营业务收入的时候，除了要采用静态
观察的方法外，还需要学会动态地观察净利润的变化。

（四）每股经营现金流量

1. 每股经营现金流量是指公司经营活动所产生的净现金流量减去
优先股股利与流通在外的普通股股数的比率。

2. 每股经营现金流量隐含着上市公司在维持期初现金流量的情况
下，发给股东的最高现金股利的金额（如图3-21所示）。

加权净资产收益率(%)	0.07	3.17	1.43	1.65
摊薄净资产收益率(%)	0.07	2.71	1.17	1.20
股东权益(%)	68.96	71.74	75.46	75.58
流动比率	1.70	2.09	2.53	2.57
速动比率	1.40	1.75	2.11	2.18
每股经营现金流量(元)	-0.1508	0.2019	0.0724	0.0365

图3-21　每股经营现金流量示意图

>>实盘操练

机器人（股票代码：300024）是一家以机器人独有技术为核心，

致力于数字化智能高端装备制造的高科技上市企业。该公司的机器人产品线涵盖工业机器人、洁净机器人、移动机器人、特种机器人及智能服务机器人五大系列，其中工业机器人产品填补了多项国内空白，创造了中国机器人产业发展史上88项第一。

根据2014年机器人年报显示，2014年该上市公司主营业务收入为15.24亿元，比2013年增长15.50%；净利润达3.26亿元，比2013年增长30.34%；每股收益为0.50元，比2013年增长31.58%；每股经营现金流量为0.14元，比2013年增长253.40%。通过分析该公司年报数据可以发现，其各项数据均呈现出稳定上涨趋势。

正是在高核心竞争力的基础上，该公司才能一直向好发展，只要细心观察机器人的K线走势图就能发现，在股市整体行情运行疲软的时候，该股股价依旧能够保持逐步上涨趋势。等到牛市来临的时候，该股股价又能以快速大幅上涨的态势领先于大盘冲击高点。2014年3月28日，该股最低价仅为20.20元，经过一段时间的"发育"后，截至6月3日，其最高价已经上涨至137.54元，其间涨幅高达惊人的580.90%（如图3-22所示）。

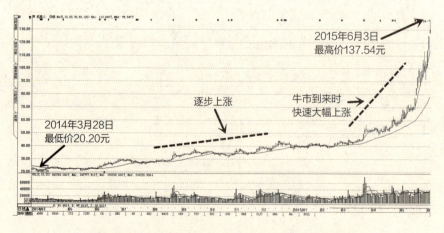

图3-22　2014年3月至2015年6月机器人K线图

从案例中不难看出，真正具有核心竞争力的上市公司，所能创造的收入十分惊人，能够为股民带来的利益也非常巨大。如果股民朋友能够持有一家具有强大的核心竞争力的上市公司的股票，那么后市必然能够获得可观的回报。

>>巩固练习

问题1：

格力空调，中国空调业唯一的"世界名牌"产品，其业务遍及全球160多个国家和地区。家用空调年产能超过6 000万台（套），商用空调年产能550万台（套）；2015年5月，格力电器大步挺进全球500强企业阵营，位居"福布斯全球500强"第385名，家用电器类排名全球第一。

根据上述材料，结合图3-23，说明格力电器能够获得卓越成就的原因。

图3-23　2011年11月至2015年5月格力电器K线图

答案：

格力电器（股票代码：000651）是一家集研发、生产、销售、服务于一体的国际化家电企业。该公司自创立以来便以"掌握核心科技"为经营理念，累计申请技术专利15 600多项，其中申请发明专利近5 000项，具有极高的自主知识产权以及核心竞争力。因此，随着时间的推移，其公司价值变得越来越高，股价也随之不断上涨。2011年12月16日，该股最低价仅为5.08元，而到了2015年6月5日，该股最高价已经上涨至31.55元，其间涨幅达521.06%。由此可以看出，强大的核心竞争力能够为公司带来非常可观的回报（如图3-24所示）。

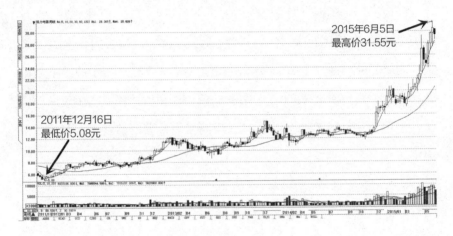

图3-24　2011年12月至2015年6月格力电器K线图

问题2：

当以公司财务数据作为判断公司是否具有核心竞争力的标准的时候，需要重点关注公司财务报表中的哪几个数据？

答案：

当以公司财务作为判断公司是否具有核心竞争力的标准的时候，需要关注公司的主营业务收入、净利润、每股收益以及每股经营现金流量。

第四节　企业规模与扩张潜力

核心竞争力可以说是从宏观角度分析一家上市公司竞争力的大小，而企业规模与扩张潜力则是从微观角度来分析企业成长性及其可能具备的竞争力。企业规模与扩张潜力和企业所在行业的发展阶段、市场结构以及经营战略等因素有着非常密切的关系，股民朋友要想深入了解企业的规模与扩张潜力还需要从上市公司的行业竞争地位、预期前景、筹资能力和规模扩大的原因四个方面入手。

>>要点解析

（一）公司的行业竞争地位

1. 将公司的销售、资产规模、利润等数据以及增长率与行业平均水平的数据进行比较，就可以较为清晰地了解公司行业地位的变化。

2. 分析公司行业地位的变化，目的就是找到公司在所处行业中的竞争地位。

3. 衡量一个公司的行业竞争地位，最主要的参考指标是行业综合排名和产品的市场占有率（如表3-2所示）。

4. 公司的行业综合排名高说明上市公司具有较大的投资价值。

5. 产品的市场占有率说明的是公司生产的产品在市场中的需求量，产品的需求量越大，为公司带来的收益也就越大。

表3-2　2014年中国水泥行业上市公司行业综合排名表（节选）

排名	公司名称	股票代码	评分值
1	海螺水泥	600585	239.97
2	中国建材	03323	219.19
3	华润水泥控股	01313	72.72
4	冀东水泥	000401	47.79
5	中材股份	01893	47.11

（二）公司的预期前景

1. 对公司前景的预期实质上就是分析预测公司主要产品的市场前景以及公司未来的市场份额，并从这些数据中推算出其销售和利润水平。

2. 预测公司的前景，主要可以从产品的市场需求度以及公司的历史状态两个方面着手。

3. 产品的市场需求度决定了公司成长性的高低。如果产品的市场需求度较高，公司的成长性也就比较高。如果产品的市场需求度较低，公司的成长性就会比较低。

4. 公司的历史状态直接反映了公司能否紧随时代步伐，不断进行技术创新，使其本身具有持续发展的能力。

（三）公司的筹资能力

1. 公司的筹资能力是指公司作为筹资主体根据企业自身生产经营的需要，通过筹资渠道和金融市场，运用筹资方式，经济有效地筹措和集中资本的活动。

2. 公司要想不断发展，就需要充足的资金，而筹资就是充足资金的来源之一。

3. 公司较强的筹资能力直接反映了市场中投资者对该公司未来前景的预期，被越多的投资者看好，该公司所能筹得的资金就越多，后期的发展能力自然越强。

（四）公司规模扩大的原因

1. 如果公司规模扩大是因为供给推动，即主动研发新产品创造市场，那么其成长性预期就比较高。

2. 如果公司规模扩大是被动地靠市场需求拉动，即根据市场需求来生产产品，那么其成长性有待深入考察。

>>实盘操练

海德股份（股票代码：000567）前身为海德涤纶厂，于1993年12月29日上市，经过不断地发展与改革，现已成为一家涉及信息产业、高新技术产业、房地产开发经营、工业产品等多行业领域的综合性上市公司。

根据海德股份2014年4月24日晚间发布的2013年年度报告显示，在报告期内，该公司实现营业收入143 146.92万元，同比增长12.78%；归属于上市公司股东的净利润为3 092.68万元，同比增长1 305.22%。

2013年5月，海德股份的控股股东海南祥源投资有限公司将持有的祥源投资51%的股权和海南祥海投资有限责任公司持有的祥源投资49%的股权转让给永泰控股集团有限公司，成功完成筹资工作。

正是在该公司规模不断扩大、实力不断增强的基础下，海德股份的股价才能一路上涨，从2013年6月28日的6.28元上涨至2015年6月16日的35.00元，其间涨幅达到了457.32%（如图3-25所示）。

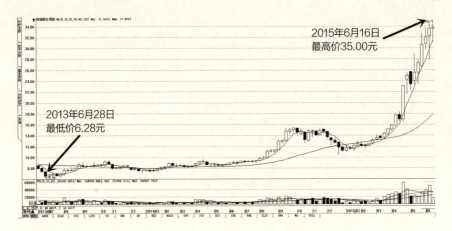

图3-25　2013年6月至2015年6月海德股份K线图

>>巩固练习

问题：

2010年至2014年，圣农发展（股票代码：002299）多次扩张企业规模，试结合图3-26说明，企业规模扩张是否一定能为股民带来可观的收益。

图3-26　2013年5月至2014年2月圣农发展K线图

答案：

圣农发展是一家主要从事生产白羽鸡的上市公司，在不断的发展和改革过程中，虽然该上市公司不断扩大公司规模，但其扩大的基本要素为市场需求的拉动。因此，当市场整体行情恶化的时候，该企业无法保持较强的竞争能力，这也是导致该股股价从2013年5月23日的13.27元，下跌至2014年2月28日的7.73元的主要原因（如图3-27所示）。

图3-27　2013年5月至2014年2月圣农发展K线图

第五节 企业成长性

>>概念精读

　　股票能否为股民朋友带来财富，能带来多少财富，取决于上市公司是否具有持续赢利能力，也就是上市公司是否具有足够的成长性。上市公司的成长性决定了其未来的赢利能力，如果一家上市公司的成长性比较好，那么它未来赢利的能力就强；如果上市公司的成长性比较差，那么它未来的赢利能力就弱。因此，可以说上市公司的成长性是股民朋友研判其是否具有投资价值的重要依据。

　　对企业成长性的分析，投资者主要可以从成长性比率、生命周期和资产结构三个方面入手。

>>要点解析

（一）成长性比率

　　1. 通过成长性比率的数据，一般能直观地看出一个公司的成长性的好坏。

　　2. 成长性比率能够反映一个公司的拓展经营能力以及偿债能力。

　　3. 拓展经营能力决定了公司未来的持续收益，而偿债能力的大小则决定了投资者投资是否具有足够的安全性。

4. 只有制定一系列合理的偿债能力比率指标，公司的财务结构才能更加健全，为拓展经营奠定好基础。

5. 在成长性比率中，利润留存率和再投资率是最重要的两个部分（如表3-3所示）。

表3-3　利润留存率和再投资率注释表

名称	意义详解	计算公式
利润留存率	利润留存率是指公司税后盈利减去应发现金股利的差额和税后盈利的比率。它表明公司的税后利润有多少用于发放股利，多少用于保留盈余和扩展经营。利润留存率越高，说明企业越重视未来的发展，不会因分红过多而影响企业的发展速度；利润留存率太低，很可能是公司经营不顺利或者分红过多而导致的，对于一个企业来说，这样的现象很容易影响到其正常发展	利润留存率=（税后利润−应发股利）÷税后利润×100%
再投资率	再投资率，又叫内部成长性比率，它说明的是公司用其盈余再投资，以支持本企业成长的能力。再投资率越高，企业扩大经营的能力就越强，反之，则越弱	再投资率=资产报酬率×股东盈利率=税后利润÷股东权益×（股东盈利−股东支付率）÷股东盈利×100%

（二）生命周期

1. 如果股民朋友选择了一只公司生命周期短的股票进行长线操作，那么最终必然会蒙受亏损。

2. 公司的生命周期大致可以分为三个阶段：幼年期、中壮年期和暮年期。

3. 如果股民朋友选择一家处于幼年期的、具有投资价值的公司进行投资，也许在较短的时间内其股票表现平平，但是经过足够时间的积淀，其后市就很可能创造出令人惊叹的成绩。

4. 一般来说，企业的成长周期越长，那么它未来的上涨空间就越大。

5. 具有高成长性的上市公司是股民进行投资的首选。

6. 要想判断一家公司的成长性，就必须要关注它的主业。

7. 如果某家公司主业所属的行业是能够长期满足社会需求或者具有独特性质的行业，就可以说这类上市公司的产品具有较长的生命周期，市场前景也较为广阔。

（三）资产结构

1. 资产结构是判断企业成长性的一个重要标准。

2. 企业在生产经营的过程中，资产结构在决定企业赢利能力的同时，也决定了企业未来的发展潜力。

3. 分析企业资产结构的合理性需要依据三个标准：流动资产率、产权比率、负债经营率（如表3-4所示）。

表3-4 流动资产率、产权比率、负债经营率注释表

名称	计算公式
流动资产率	（流动资产÷总资产）×100%
产权比率	（总负债÷所有者权益）×100%
负债经营率	（长期负债÷所有者权益）×100%

根据企业所属行业的不同，分别求出每个行业三个指标的平均值，以这个数据确定三个指标的合理值；根据企业实际情况与所确定的这三个指标的合理数值的偏离程度，就可以判断出企业的经营类型，进而推测出企业的成长潜力，以此来制定自己的投资策略。

随着人们生活水平的提高，国人的环保观念越来越强，不论衣食住行，处处都能观察到绿色、环保的"身影"。在这样的整体消费趋势下，新能源汽车的出现，不但满足了人们对环保的渴望，也填补了环保在汽车行业中的缺失。

广汽集团（股票代码：601238）就是一家及时抓住了新能源汽车概念创造出的机会的上市公司。这也是该公司相关股票的股价从2015年1月19日的7.72元，上涨至7月29日的21.38元的基础（如图3-28所示）。

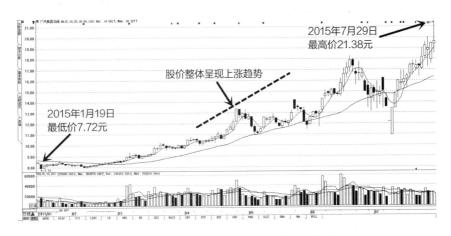

图3-28　2015年1月至7月广汽集团K线图

>>巩固练习

问题1：

研判一家上市公司的成长性时，需要搜集哪几种数据？

答案：

在研判一家上市公司的成长性时，需要搜集成长性比率、生命周期和资产结构三个方面的数据。

问题2：

对于股民朋友来说，公司的生命周期中的哪一阶段是最适宜买进其股票的时机？

A. 中壮年期

B. 幼年期

C. 暮年期

答案：

B。

由于具有高投资价值的股票处于幼年期的时候，股价普遍较低，因此股民朋友如果在此时买进股票，就能使自己的获利空间扩张到最大。

第六节　最容易获得的企业消息

>>概念精读

与一些表现平平的企业相比，发展迅速，且与地区经济密切相关的上市公司更容易成为新闻媒体的报道重点。如果股民朋友能够及时关注这类上市公司，就能够通过新闻报道等渠道，获得更多、更全面的相关消息，从而从中筛选、挖掘有助于自己制定投资策略的内容。

>>要点解析

1. 股民朋友在投资一只股票之前，首先要了解这只股票的基本情况，这项工作是后期采集所有信息的基础。

2. 股民朋友进入上市公司的官方网站浏览，可能会发现很多之前没有掌握的信息。与此同时，还需要了解企业在同行业中的地位。比如钢铁行业是一个涵盖范围非常广泛的行业，需要一定的监管和互相沟通。因此，衍生了另外一个获取信息的渠道——中国钢铁工业协会（如图3-29所示）。在中国钢铁工业协会的网站上，股民朋友很容易获得钢铁行业的最新消息，有时这些消息会领先于各类财经网站。

图3-29　中国钢铁工业协会网站局部截取图

3. 通过上市公司所在地的政府官网获取企业信息。当地政府的官方网站虽然消息较多也较为分散，但是通常客观性较高，消息内容也比较准确。

4. 股民朋友需要注意的是，在上述位置搜索信息时，如果投资的股票是地区的龙头企业，那么相关消息就更容易获取；反之，则需要股民投入更多的经历筛选、整合信息后进行分析。

>>实盘操练

受到产能过剩的影响，中国钢铁行业的股市表现在2015年一直在走下坡路，2015年7月6日，内蒙古自治区多位领导莅临包头钢铁集团有限公司进行调研，这无疑是在整体市场环境恶化的情况下给包钢股份（股票代码：600010）打了一针"强心剂"。自7月7起，该股连续五个交易日收出阳线，累积涨幅达49.23%。如果股民朋友关注该上市公司的官方网站，就能及时捕捉到这一信息，为自己带来丰厚的收益

（如图3-30所示）。

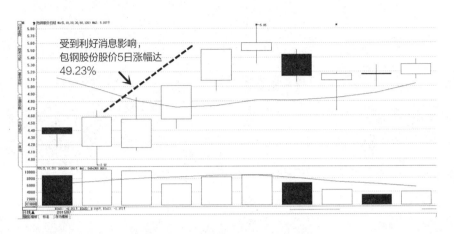

图3-30　2015年7月包钢股份K线图

>>巩固练习

问题：

为什么地区龙头企业的信息最容易获得？

答案：

地区龙头企业对于一个地区的经济发展十分重要，这也就使这类上市公司成为媒体关注的焦点。因此，对于股民朋友来说，地区龙头企业不但具有投资价值，并且搜集其信息也会相对容易。例如，作为山东地区龙头企业的海尔集团，其相关信息就经常登载在山东省各种媒体的头条位置。

第四章

内在价值发现

　　价值投资是股市中经常被提及的词语，对于股民朋友来说，了解价值投资能够判断出上市公司未来的价值，进而买入一只在未来能够形成爆发式增长的股票，等到市场深入认知该股的价值，价格不断上升的时候，会为股民朋友带来可观的回报。

　　市场中的投资机会就如金矿一样，股民朋友如果不进行深入挖掘、细致勘探，就很难发现财富所在的位置，而公司的内在价值就好比勘探金矿的仪器，如果股民朋友能熟练掌握这种仪器的使用方法，就能顺利地找到金矿所在的位置。

第一节　处于垄断行业

>>概念精读

　　上市公司所处的行业不同，其发展的特点也会存有差异，比如说部分行业，如生物医药、新兴工业等对技术要求较高的行业会具有较强的扩张能力以及发展后劲；而能源、通信等基础建设行业由于受到政策的影响，垄断性较强，因此后期发展会比较稳定；房地产等行业，虽然赢利性较高，但是由于其没有技术含量以及具备垄断性质，因此后市发展具有周期性。所以从行业属性上说，投资垄断性的行业更容易获得获利机会。

　　从沪深两市的历史数据中我们可以分析出，一般牛股背后的上市公司通常都具备以下几个特点：公司主营业务突出、从事研发专门的产品或者特别的服务和技术，并且这类产品或技术基本被该公司垄断，其他公司很难涉足。这类股票往往都能吸引到大量的市场资金，从而使股价快速上涨。

>>要点解析

　　1. 行业垄断企业具有投资价值的理由很简单：行业垄断就意味着利润垄断，也就是说，某一区域内的市场被一家公司占有，那么这样的公司自然比其他公司的获利要高，比如长春高新（股票代码：000661）就是全球唯一生产长效生长激素的上市公司，也正是因为这一点，该股股价才能稳步上升（如图4-1所示）。

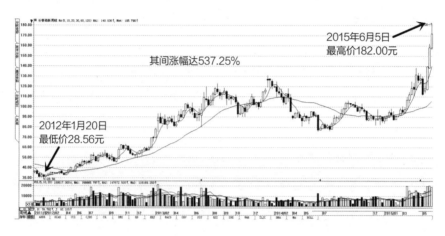

图4-1　2012年1月至2015年6月长春高新K线图

2. 部分业绩优良的上市公司虽然能在一定的时间内创造出一定的成绩，但是随着市场的不断完善，如果公司只是处于竞争性领域，那么就无法像具有垄断性质的公司一样创造暴利。

3. 从市场经济的角度说，处于竞争性领域的公司只能在某一段特殊时期保持垄断态势，因此也不可能形成暴利现象。

4. 一般来说，具有垄断性质的上市公司可以分为两种：一是技术垄断型上市公司；二是资源垄断型上市公司。

5. 通常情况下，技术垄断型上市公司多属于科技类。科技类产品在从问世到大规模生产的过程中，会形成一个持续时间较短的垄断期，这一段时期往往是公司获取暴利的时候。而等到技术普及之后，垄断期便会结束，公司利润也就随之降低。

6. 资源垄断型上市公司即对某种资源形成垄断，如电力、煤炭、有色金属等企业。一般来说，投资这类在独特领域内经营产品的上市公司风险较低，因为这类公司的市值比较稳定，流动性好，更容易获得更多市场资金的关注。

>>实盘操练

东方海洋（股票代码：002086）是国家认定的高新技术企业、国家级企业技术中心、国家海藻工程技术研究中心和海藻遗传育种中心建设单位、国家级水产良种场、农业产业化国家重点龙头企业。该公司始终坚持"科技兴业"的发展思路，在提高自身创新能力的同时，不断加强与高校和科研院所的合作，先后与中科院海洋研究所、中科院烟台海岸带可持续发展研究所等合作，并成为国内唯一一家能够养殖三文鱼的企业。

由于国内能够养殖三文鱼的企业仅东方海洋一家，因此该公司在同行业内几乎没有竞争对手，正是在这样的垄断的基础上，该公司相关股票才能持续上涨。从图4-2中可以看到，2014年6月20日，该股最

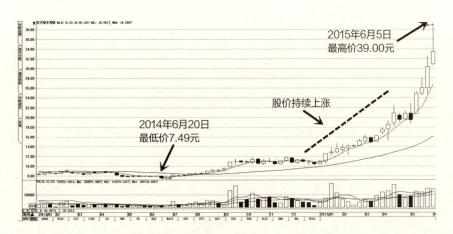

图4-2 2014年1月至2015年6月东方海洋K线图

低价仅为7.49元，截至2015年6月5日，其最高价已经上涨至39.00元，其间涨幅达到了402.69%。

>>巩固练习

问题：

中源协和（股票代码：600645）是目前国内沪深两市中唯一一家以干细胞产业为主营业务的上市公司。试从公司内在价值分析该公司股票为什么能形成如图4-3的走势。

图4-3　2012年10月至2015年4月中源协和K线图

答案：

由于中源协和是两市中唯一一家以干细胞产业为主营业务的上市公司，在同行业中没有竞争对手，属于垄断性质的公司，这也就使其具有较为长久的稳定发展空间，因此，该股股价才能从2012年12月7日的14.20元上涨至2015年4月24日的79.58元，其间涨幅达460.42%（如图4-4所示）。

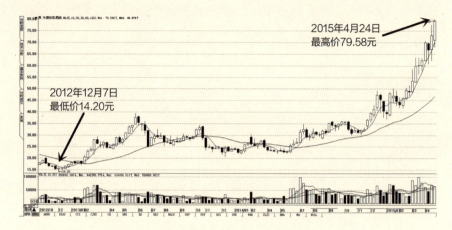

图4-4　2012年12月至2015年4月中源协和K线图

第二节　资产重组

>>概念精读

在中国的股市中，资产重组是经久不衰的炒作题材，许多上市公司的发展经历都表明，在资产重组后公司会形成一个全新的面貌，实现由"乌鸦"到"凤凰"的华丽蜕变。在一个机制健全、具有完备法律体系的社会经济环境中，企业进行资产重组，不但可以使其壮大自身实力，还能提高经济运行效率。

具体来说，资产重组的主要作用可以归纳为以下几点：

1. 相对于建立一个新公司来说，并购可以节省很多开支。

2. 能够提高产业组织效率，减少同一产品在同行业内竞争过度。

3. 并购能够在较短的时间内实现生产集中和经营规模化。

4. 使公司的产品结构得到优化，加快支柱产业的形成。

股民需要注意的是，虽然上市公司的资产重组在优化公司的管理、提高上市公司的整体质量和经营效率上起到了积极的作用，但是如果重组的方式不同，那么最终的结果可能也会有很大的差距。

>>要点解析

（一）资产置换型重组

在股市中，资产置换是一种非常常见的重组方式。所谓的资产置换，指的是公司用其认为劣质的资产交换一些外部的优质资产。资产置换后公司的资产结构会发生较为显著的变化，这一变化也会在较短的时间内体现出来。通常来说，利用资产置换来达到重组的公司，往往是一些业绩不好，但是又不想交出控股权的企业，因为通过资产重组可以利用对方的优势来提高业绩，从而达到增资配股的条件。这也就造成了采用置换重组方式的企业质量有高有低。

虽然从质量上看，采用资产置换的方式进行重组的上市公司参差不齐，但是通常置换规模都比较大，甚至部分企业还能靠上一些规模较大的母公司。所以，这类公司通常都会通过剥离劣质资产和置换一些优质资产来进行自身优化，从而使业绩得到改观。比如嘉化能源（原华芳纺织，股票代码：600273）就是一家通过资产置换达到重组目的的上市公司（如图4-5所示）。

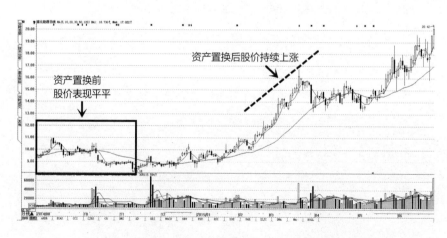

图4-5　2014年9月至2015年6月嘉化能源K线图

一般通过资产置换重组后，上市公司的业绩都会有比较大的增长，从而其利润、每股收益也会大幅增长，这也反映了资产置换重组效率高的特点。股民朋友需要注意的是，这类资产重组方式关联交易多、短期得益也比较多，但是长期收益还需要结合其基本面数据等，进行综合研判。

（二）收购兼并型资产重组

一般来说，很多公司在进行企业扩张的时候，会选择收购兼并这种方式。一个上市公司要想占有更多的市场份额或者进入其他行业领域，一般都会采用收购兼并的方式，因为这样不但能节约成本，也能缩短在新领域发展的时间。通常情况下，收购兼并这种方式对被收购方会产生比较大的影响，并且在被收购后，公司需要一定的时间适应和磨合，因此，通常需要一段时间的积累才会显出成效。例如2014年5月19日，总市值为50多亿元的成飞集成发布的拟非公开发行约9.55亿股，以158.47亿元的价格收购沈飞集团、成飞集团和洪都科技全部股权这一消息，就使其股价大幅上涨（如图4-6所示）。

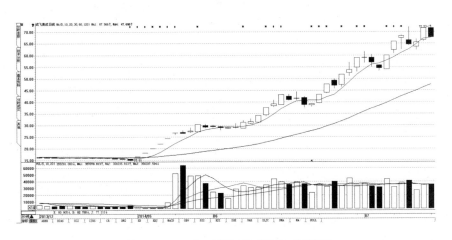

图4-6　2014年5月至7月成飞集成K线图

能够上市的公司一般都是各个行业中的佼佼者，所以较强的实力和国家政策的扶持使得多数上市公司都具备了兼并、收购非上市公司的能力，并以此来壮大自身的实力。

（三）股权转让型资产重组

相对于资产置换型重组来说，股权转让型资产重组的效果比较差。因为股权转让只能反映出企业股权结构的变化，并不能直接表明企业的经营活动也发生了相应的变化。因此，股权转让型重组只有和经营重组相结合，才能表现出比较好的效果。

比如2014年11月3日，中利科技（股票代码：002309）决定将其子公司——常州中晖持有的五家光伏发电公司100%的股权转让给华北高速（股票代码：000916）子公司——华祺投资（如图4-7所示）。

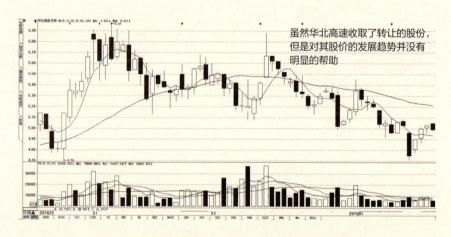

图4-7　2014年10月至2015年1月华北高速K线图

>>实盘操练

2014年10月25日，武钢股份（股票代码：600005）公布了资产置换方案，该公司拟以其持有的武汉钢铁集团鄂城钢铁有限责任公司的

77.60%的股权与公司控股股东武汉钢铁公司持有的武钢集团国际经济贸易有限公司100%的股权进行置换。

　　由于武钢股份此次资产置换属于以自身劣质结构换取外部优质结构，因此，不管是对其公司的业绩还是对股价的发展，都有积极的影响。也正是因为上述原因，该公司相关股票才能在牛市来临之际，呈现大幅上涨的态势。从图4-8中可以看到，2014年10月27日，该股最低价仅为2.18元，截至2015年5月5日，其最高价已经上涨至7.17元，其间涨幅达到了228.90%。

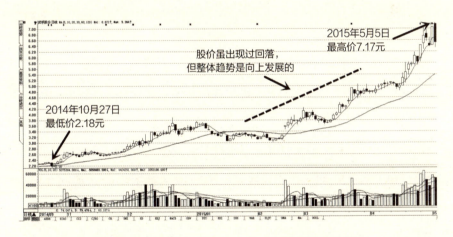

图4-8　2014年10月至2015年5月武钢股份K线图

>>巩固练习

问题1：

　　2014年10月23日，兰生股份（股票代码：600826）发出公告：公司已完成转让前进公司全部股权给中科建设。试结合案例及图4-9分析兰生股份形成上涨趋势的原因。

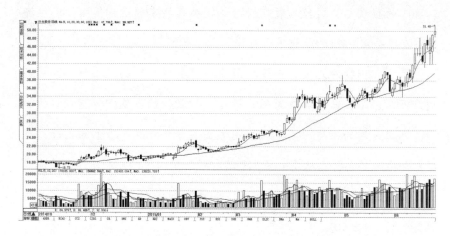

图4-9 2014年10月至2015年6月兰生股份K线图

答案：

兰生股份此次资产重组属于股权转让型资产重组，并且中科建设属于国内建筑行业中的优质企业，因此在进行股权转让后，兰生股份的业绩不断提升，并且时逢牛市行情，所以其股价呈现加速上涨的态势。2014年11月12日，该股最低价仅为16.73元，截至2015年6月24日，其最高价已经上涨至51.48元，其间涨幅达207.71%（如图4-10所示）。

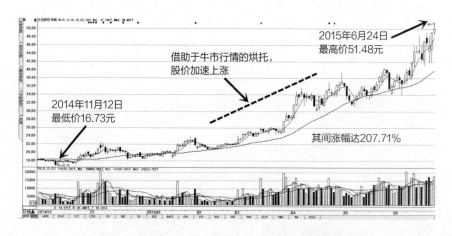

图4-10 2014年11月至2015年6月兰生股份K线图

结合图4-11说明资产重组是否一定带来股价上涨。

图4-11   2014年9月至2015年1月中青宝K线图

答案：

通常在资产重组成功后，个股股价都能形成一定幅度的上升趋势，但是如果资产重组失败，那么随着市场资金的流出，股价也会走下坡路。比如中青宝（股票代码：300052）于2014年9月12日接到证监会重组批停的通告后，股价便开始持续下跌，一度从2014年9月3日的32.48元下跌至2015年1月5日的19.66元，其间跌幅达39.47%（如图4-12所示）。

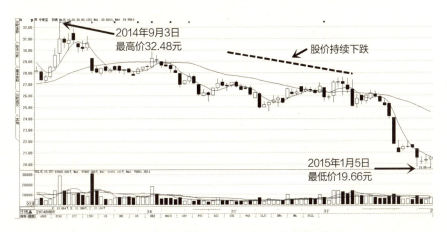

图4-12   2014年9月至2015年1月中青宝K线图

第三节　高送转

>>**概念精读**

　　具有高送转的股票，往往意味着它有了被投资者追捧的资格，每年年底对高送转股票的投资热也堪称股市中的壮丽景象。

　　所谓的高送转指的是送红股或者转增股票的比例很大。事实上，高送转是股东权益的内部结构调整的一种方式，对公司的净资产收益率和赢利能力并没有实质的影响。因为在高送转发生后，公司的股本规模虽然变大了，但是股东权益并不会因此增加。并且在净利润不变的情况下，由于股本的增加，资本公积金转增股本于送红股还会摊薄每股收益。

　　简单地说，高送转就好像把一个大苹果切成若干小块，虽然数量上增加了，但其实质却没有发生变化。从投资角度来说，高送转永远是中国股市的一个投资主题，具备高送转预期的股票也经常会受到股民的追捧。

　　中国的股市中从来不缺乏高送转的身影，但是对于形形色色的高送转方案，新股民也要理清自己的思路、谨慎对待。

>>**要点解析**

　　1.一般来说，具备高送转潜力的股票往往具有四个特点：股本扩张的需求较大、企业赢利能力强、具有"三高"特征、总股本比较小。

2. 从股市的历史数据中可以总结出，能够形成高送转的上市公司几乎都是以资本公积金转增股本的方式来扩大原有股本的规模。由于资本公积金转增股本不属于利润分配的范畴，因此股民在股本规模扩大的时候不需要交纳20%的所得税；而以当年利润、盈利公积金或者未分配利润送股则属于利润分配，也就需要交纳20%的所得税。

3. 能够形成高送转的企业通常赢利能力都很强，并且经营状况也比较稳定，除此之外，这类企业通常还具有较高的成长性。在国内的股票市场中，凡是能够成功实施高送转分配的企业，大部分盈利都比同行业的同类公司高，并且经营稳定性比较好，企业的盈利体现出稳定上涨的趋势。股民朋友需要注意的是，要想评估一个企业是否具有高送转能力，可以关注这一企业的每股经营现金流量的大小，如果每股经营现金流量能够一直保持在较高的水平，那么就很可能具备高送转潜力。

4. 所谓的"三高"特征指的是公司具有较高的未分配利润、公积金以及净资产。较高的未分配利润通常说明上市公司能够给予股民比较多的分红；而高公积金是高比例转增股本的重要前提；较高的净资产则是未分配利润和公积金的合成体，因此，较高的净资产也是高送转股票形成的重要原因之一。

5. 对比股市中的高送转股票可以发现，从送转前的总股份分布情况来说，初期总股本小于或者等于4亿股的上市公司，在所有实施高送转的上市公司中占据了80%以上的份额。从这一点不难得出这样一个结论：通常具有较高成长性的中小盘股，往往更容易形成高送转。

>>实盘操练

大富科技（股票代码：300134）是一家集产品研发、生产和销售为一体的国家级高新技术企业，2010年10月26日于深圳市证券交易所挂牌上市。截至2014年末期，该上市公司总股本为3.80亿股，属于中小盘股范畴。

2010年12月，大富科技再度入选"2010德勤亚太地区高科技高成长500强"，名列第195位。自2008年首次获得此殊荣，大富科技已连续三年入选此排行榜。在具有较为稳定的经营状况以及较强的赢利能力的基础上，2014年11月11日，大富科技抛出了"拟10转7派4至5元"的分配预案。该预案一经公布，便迎来了市场资金的热烈追捧，其股价也是不断上涨。从图4-13中可以看到，在高送转预案公布的第二个交易日，该股就形成了跳空高开，并且直冲涨停板的现象。

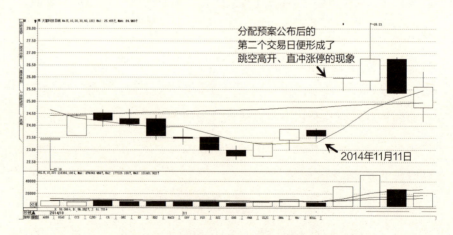

图4-13 2014年10月至11月大富科技K线图

问题1：

一般来说，具备高送转潜力的上市公司具有哪些特征？

答案：

一般情况下，具备高送转潜力的上市公司具有以下特征：股本扩张的需求较大、企业赢利能力强、具有"三高"特征及总股本比较小。

问题2：

结合图4-14，试分析隆基股份股价上涨的原因。

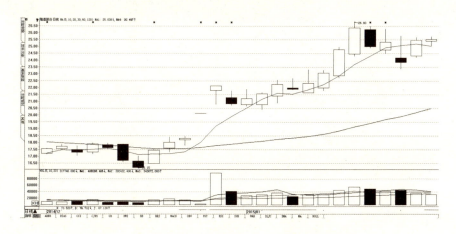

图4-14　2014年12月至2015年1月隆基股份K线图

答案：

2014年12月26日晚间，隆基股份（股票代码：601012）发布公告称，2014年度利润分配及资本公积金转增股本预案为：向全体股东每10股送红股5股，派发现金股利1元（含税）；同时以资本公积金向全体股东每10股转增15股。在如此大幅度的送转预期下，市场资金蜂拥而入，直接导致了第二个交易日该股开盘即涨停以及后市加速上涨的现象（如图4-15所示）。

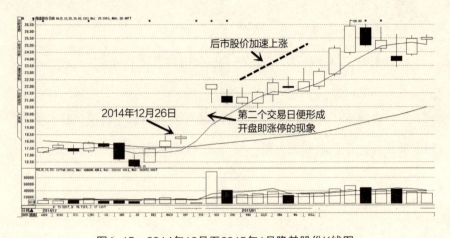

图4-15　2014年12月至2015年1月隆基股份K线图

第四节　主题投资

>>概念精读

　　所谓的主题投资，指的就是对影响经济发展和企业盈利的关键性和主题性的因素进行投资。需要注意的是，这里所说的"因素"并不单指通常意义上的投资概念或者主题热点，还包括更深一步的理解，也就是能够推动相关行业与公司价值提升的背后因素。

　　从中国整体市场投资环境来看，主题通常具有三个特点：前瞻性、宽度性和独立性。一般来说，主题的出现往往能够引出一场投资热，从一定层面上看，主题决定着未来的投资方向，因此它具有一定的前瞻性；而在投资的过程中，凡是主题所涉及的行业都具备一定的投资价值，因此它也具有一定的宽度性；在保持宽度性的基础上，主题引领着投资，并且能够独立于行业轮动和行业配置，所以它还具备一定的独立性。

　　对于股民朋友来说，如果能够掌握新兴增长动力主题，就能够较为轻松地掌握投资机会。当结构调整成为未来市场主流的时候，股民只有从各种类蛛丝马迹中发现一些具有投资价值的主题，才能让自己抢先占得收益。

>>要点解析

（一）区域经济主题

区域经济一直是股市中经久不衰的主题，比如历史上已经被反复炒作的上海本地股，在2014年又增添了迪士尼、"投资青年"等题材，就目前的股市情况来看，市场中的炒作也离不开这一投资主线。在题材的带动下，与上海相关的旅游、酒店、交通等产业将直接受益。

虽然"京津冀一体化"的形成可以追溯到20世纪80年代，但是随着推动力的不断增强，可以说2014年才是"京津冀一体化"的元年。伴随着2014年政府工作报告的发布，京津冀协同发展也正式被提升为"一号工程"，这意味着在"京津冀一体化"成为耀眼题材的同时，相关房地产、基建等产业也将形成更多的投资机会，比如廊坊发展（股票代码：600149）就是收益股中的一员（如图4-16所示）。

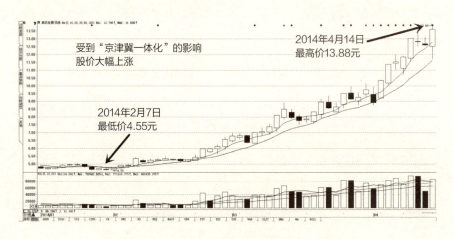

图4-16 2014年2月至4月廊坊发展K线图

（二）低碳、低排主题

不管是2014年的"APCE蓝"还是2015年的"大阅兵"，都让人们感受到了蓝天白云的舒适感以及低碳、低排的魅力。"低碳"甚至是

"零碳"概念在近几年也越来越深入人心，尤其是在金融风暴过后，在各国努力恢复经济的同时，低碳经济也被作为全球共同发展时代的一个重要产业。

与国际整体经济趋势相呼应，国内的资本市场也在不断挖掘低碳经济的发展潜力，其中包括太阳能、风能等相关领域都受到了这一趋势的影响，如果股民朋友能够及时发现这些投资机会，比如在合适的时机投资东湖高新（股票代码：600133）就很容易获得丰厚的回报（如图4-17所示）。

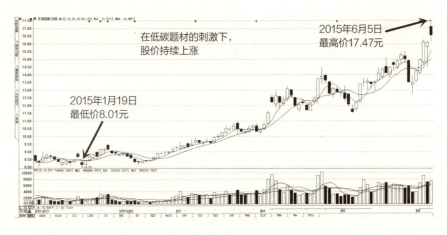

图4-17　2015年1月至6月东湖高新K线图

（三）智能电网主题

智能电网指的是电网的智能化，它也被称为"电网2.0"，它建立的基础是集成与高速的双向通信网络，通过先进的传感和测量技术以及先进的设备技术和控制，结合决策支持系统技术的应用，从而实现电网的可靠、安全、经济、高效和使用安全的目标。

国家电网的相关负责人表示，在未来的10年中，预计每年要在智能电网的建设上投入3 000亿元。这意味着，当市场资金融入电网建设之后，其投入的总资金将远远超过每年3 000亿元的份额。未来10年，一个以电网为主线的投资主题也在缓缓展开，股民朋友如果能在适合的时机介入例如明家科技（股票代码：300242）这样的股票，就很容易从中获得收益（如图4-18所示）。

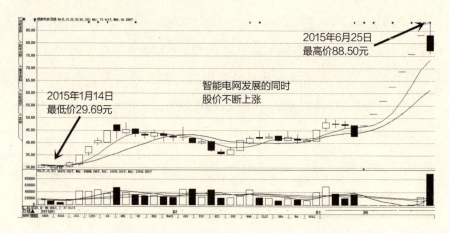

图4-18　2015年1月至6月明家科技K线图

>>实盘操练

　　铁汉生物（股票代码：300197）是一家以设计、施工、苗木、资源循环利用，以及生态旅游运营为主营业务的上市公司。该公司拥有水污染防治工程设计甲级、环保工程专业承包一级、城市园林绿化一级、污染防治工程等多项专业资质。

　　据铁汉生物2015年中报显示，该公司营业总收入为11.02亿元，与2014年同期相比，上涨34.14%。在优良基本面以及低碳、低排主题的刺激下，时逢2015年上半年的牛市行情，该股股价开始大幅、持续上涨。2014年12月29日，该股最低价仅为13.41元，截至2015年6月9日，其最高价已经上涨至36.12元，其间涨幅达169.35%，如果股民朋友能够及时抓住低碳、低排这一投资主题提供的投资机会，并且选择合适的机会介入，就能为自己带来可观的回报（如图4-19所示）。

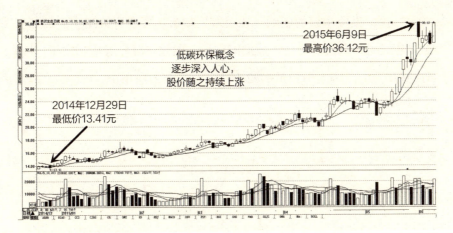

图4-19　2014年12月至2015年6月铁汉生物K线图

>>巩固练习

问题1：

结合图4-20，试分析隧道股份（股票代码：600820）形成上涨趋势的原因。

图4-20　2014年11月至2015年5月隧道股份K线图

答案：

受到"丝绸之路经济带"和"21世纪海上丝绸之路"，即"一带一路"这一投资主题的影响，相关股票被市场资金所关注。而2015年上半年又是"全民炒股"形成的时间段，因此该股才能从2015年1月19日的7.07元，上涨至6月1日的22.49元（如图4-21所示）。

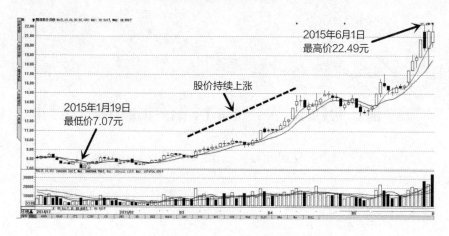

图4-21　2015年1月至6月隧道股份K线图

问题2：

2015年是国家重磅推行低碳、低排的一年，虽然有着政策的支持，但是从图4-22中可以看到，节能环保指数依旧形成了大跌走势，结合时事试分析其中的原因。

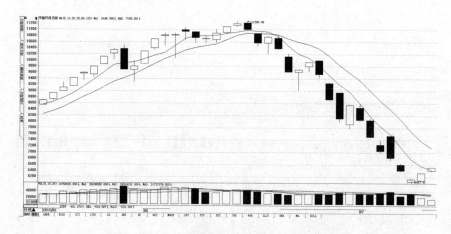

图4-22　2015年5月至7月节能环保指数K线图

答案:

虽然自2014年下半年起,中国股市就呈现出"疯牛"迹象,但是受到2015年下半年股灾的影响,股市整体行情像脱线的木偶一样,完全形成了暴跌行情。正是在这样的整体投资环境下,即便是有着低碳、低排这一主题的支撑,股市依旧无法逆转,一度从11 280.48点下跌至6 047.41点,跌幅达46.39%(如图4-23所示)。这就提醒我们,在发现有投资价值的主题出现时,不能盲目进行投资,还应该结合整体投资环境进行进一步的分析。

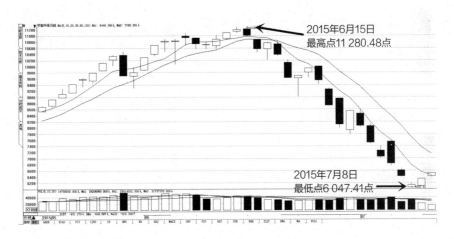

图4-23　2015年5月至7月节能环保指数K线图

跟庄分析篇

　　中国股市中的庄家多指的是公、私募基金，大型券商，QFII，社保基金等，它们通过对自己手中巨量资金的充分利用以及高超的技巧来影响股市的发展和股价的涨跌，并最终获得丰厚的利润。对于处于劣势的股民朋友来说，要想达到快速赚钱的目的，跟庄便是一个捷径。要想跟好庄、赚大钱，就必须有灵活的头脑和足够的知识储备，这样才能降低自己在跟庄过程中面临的风险，提高跟庄套利的概率。

第五章

庄家建仓

庄家是股市中的大鳄，他们资本实力雄厚，常常在股海兴风作浪，控制股票的走势和价格。庄家欺骗散户、建仓吸货的方法很多，还会利用各种技术手段来降低自己的建仓成本，以便在日后能够获得更多的收益。如果股民朋友能够擦亮双眼，在庄家建仓的时候果断出手，那么不但能以极低的成本买进股票，还能在后市坐享一段上涨行情，扩展自己的获利空间。

第一节　低调建仓

>>概念精读

　　庄家在介入一只股票的时候，一般会选择低调建仓吸筹，不采用大动作，以免引起其他投资者的注意。但庄家完全隐藏其行踪是不太可能的，时间越长其操作迹象在K线、成交量等方面会变得越明显。股民朋友可以多关注一些少有人注意的冷门股，庄家在操作时会更多地选择介入这类股票。庄家一旦介入某只股票，必然会对该股票的价格走势产生一定的影响。从K线图上可以观察到这些变化，即使庄家隐藏得再深也会被细心的投资者发现。

　　庄家选择的股票，通常走势与大盘趋势一致且成交量较小。那么庄家在选择介入的时候就不会进行大笔资金操作，而是分成多批次买入。因此资金量大的庄家建仓时间也会长一些，降低了在底部吸筹的成本，股价的未来涨幅会很大，股民朋友可以买进这样的股票。

>>要点解析

（一）K线

　　1. 小十字星形态与小阴线、小阳线交替出现，形成窄幅横盘（如图5-1所示）。

2. 这一状态大概会延续数个星期甚至更长的时间。

3. 此时基本可以确认庄家的资金已经入场吸筹，股票价格也控制在其计划的范围内。

4. 这时市场的气氛低迷，成交量很温和，甚至会有利空消息时隐时现。

5. 股民朋友可以在此时跟进，静等庄家拉升股价，获得利益。

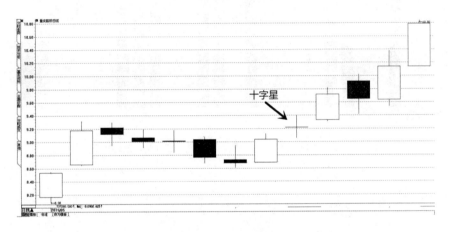

图5-1　十字星示意图

（二）成交量

1. 庄家可能会利用对敲制造假的成交量，但是他们在介入一只股票时的成交量是真实的（如图5-2所示）。

2. 庄家介入后，原本一只股票的成交量是极小的，但在某个交易日会突然放大。

3. 之后数日，保持成交量很温和但不至于引起其他投资者过多地关注这样的状态。

4. 股票的成交量有规律地增长，股价也随之小幅上升。

5. 庄家在不断地吸货而使成交量形成有规律的变化。这一过程要持续两个星期以上的时间，才能够保证吸收到足够的筹码，而这些低价筹码不会被庄家轻易抛出。

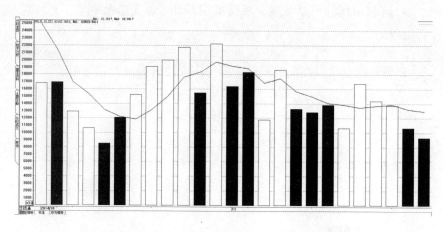

图5-2　成交量规律变化示意图

（三）消息

1. 一些实力强大的庄家会借助于媒体的传播力或者与上市公司合作。

2. 走势图中一旦出现庄家吸筹的迹象并且伴随着虚虚实实的利空消息传出，股民朋友们便可对庄家建仓行为加以确认。

3. 利好消息不断传出，股价却没有上涨，一定要提高警惕；而突然传出利空消息，却未引起股价下跌，则可以看好。

4. 不是所有的消息都会产生负面影响，但是若直接靠消息去判断股价的走势也是不准确的。股民朋友们还是要学会分辨真正能对大盘产生影响的消息。

南京港（股票代码：002040）的K线在2014年12月末至2015年1月初，以十字星与小阳线交替出现，此时的成交量很温和。2014年12月30日，该股最低价是9.59元，庄家开始建仓吸筹，后一路拉升股价；截至2015年3月6日，该股最高价为19.55元，涨幅达103.86%（如图5-3所示）。

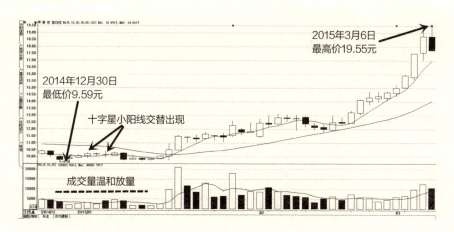

图5-3　2014年12月至2015年3月南京港K线图

>>巩固练习

问题1：

试利用上文中的理论知识，分析图5-4中莲花味精（股票代码：600186）在2014年4月至2015年5月这段时间里，股价持续上涨的原因。

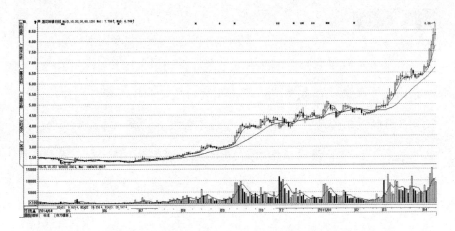

图5-4 2014年4月至2015年5月莲花味精K线图

答案:

在2014年6月中旬,传出上市公司莲花味精连续四年信披违规虚增利润4.94亿元,被罚款50万元的利空消息,但并未对股价产生过多影响。股民朋友可以在股票位于低位时介入,等待庄家抬高股价。该股由2014年4月28日的最低价2.20元上升到2015年5月15日的最高价10.00元,上涨了354.55%(如图5-5所示)。

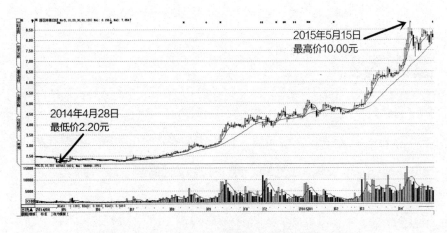

2015年5月15日
最高价10.00元

2014年4月28日
最低价2.20元

图5-5 2014年4月至2015年5月莲花味精K线图

问题2：

试从庄家操控的角度分析图5-6中登海种业（股票代码：002041）股价上涨的原因。

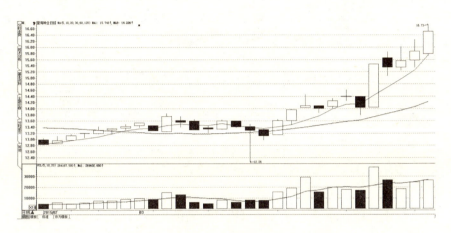

图5-6 2015年2月至3月登海种业K线图

答案：

登海种业成交量呈现有规律的放大，股价也随之小幅上涨，此时是庄家在低位吸货，随后股价不断攀升。庄家的介入引起成交量发生变化，这时的变化是真实可信的。但往往股民朋友们会因为成交量的变化过于温和而注意不到，错失了跟庄的机会。我们可以看到，从2015年3月12日起，该股股价就一直呈现上涨态势；截至4月3日，该股股价已经涨至19.86元，其间涨幅达61.99%（如图5-7所示）。

问题3：

为什么庄家建仓时大多数投资者无法观察出来，从而错失了赚钱的机会？

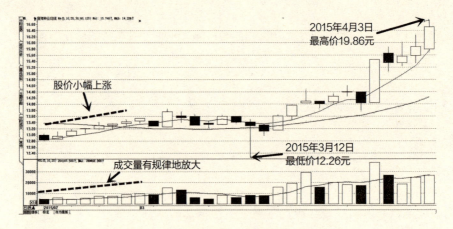

图5-7 2015年2月至4月登海种业K线图

答案：

庄家在建仓时有意挑选冷门股且股票的价格处在低位，目的就是避免引起大家的注意，从而以完全的低价吸收到足够的筹码。而这时庄家有可能传播利空消息，使人们产生悲观情绪，即使股票正位于低价区，也不敢轻易入场。

第二节 打压式吸筹建仓

当股市人气低迷、气氛悲观或者传出利空消息时，庄家一般会采用打压股价的方式进行吸筹。这个时候，庄家通常以小量的卖单一点点将股价压低，使散户的心理防线一点点崩溃，看着卖单不断将下档的买单吞掉，最终不得不忍痛将股票卖出，这样庄家便达到了低价吸筹的目的。

具体说来，庄家通常会利用大盘调整、出现利空消息、股票跌破重要技术支撑位等几种时机对股价进行打压。

>>要点解析

（一）庄家利用大盘调整打压股价吸筹

1. 大盘进行盘整（如图5-8所示）的时候，庄家趁机打压股价。

2. 股价持续不断地下跌会使散户产生恐慌情绪。

3. 当股价跌到了谷底，庄家开始大量收购（如图5-9所示）。

4. 这种现象更多地出现在科技板块及绩优股板块中。

5. 有时候股价被打压的时间甚至会持续一年多，而庄家耐心蛰伏了许久后才开始大量收购散户手中的股票。

图5-8　大盘调整示意图

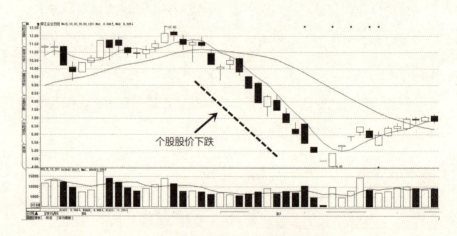

图5-9　个股股价下跌示意图

（二）庄家利用利空消息打压股价吸筹

1.市场中出现的利空消息对股价产生较大的影响。

2.庄家会利用这些消息的出现，"趁火打劫"（如图5-10）。

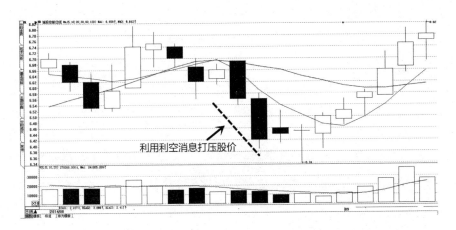

图5-10　利用利空消息打压股价示意图

（三）庄家利用股票跌破重要技术支撑位打压股价吸筹

1. 庄家通过对重要支撑位的瞬间击穿来促使投资者认为股价已经破位，后市将进入大幅下跌行情中（如图5-11所示）。

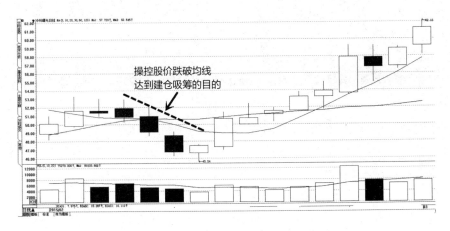

图5-11　股价跌破均线支撑位示意图

2. 庄家之所以要让股价跌破支撑位，就是为了营造恐慌气氛，从而诱骗股民抛出手中持股，而庄家则以便宜的价格不断吸收掉股民抛出的筹码。

3. 重要支撑位包括：技术指标的支撑位、均线系统的支撑位、上升或下降趋势线的支撑线、前期密集成交形成的支撑区等。

>>实盘操练

三一重工（股票代码：600031）控股股东于2015年4月28日减持1.91亿股公司股份，占总股本的2.505%。受这一消息的影响，该股股价当天收出一根大阴线，庄家趁机打压股价，造成连续下跌。在庄家吸足筹码后，又拉升股价形成上涨（如图5-12所示）。

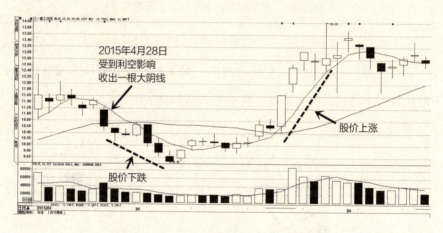

图5-12 2015年4月至6月三一重工K线图

>>巩固练习

问题1：

试举例说明庄家是如何利用大盘调整时期进行建仓吸筹操作的。

答案：

2014年，深证成指大盘走势进入调整状态（如图5-13所示），而庄家则利用这个时机打压股价。介入兰花科创（股票代码：600123）

中的庄家为了吸筹建仓，先是控制股价小幅上涨，而后在相对高位构筑了圆弧顶形态，造成股价即将见顶下跌的形势。而后股价连续收出阳线，展开了上涨行情（如图5-14所示）。

图5-13　2014年1月至8月深证成指K线图

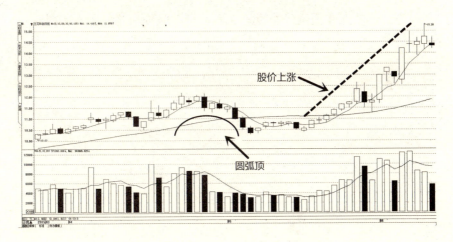

图5-14　2015年3月至6月兰花科创K线图

问题2：

介入金健米业（股票代码：600127）的庄家是用什么样的方式完成建仓吸筹的（如图5-15所示）？

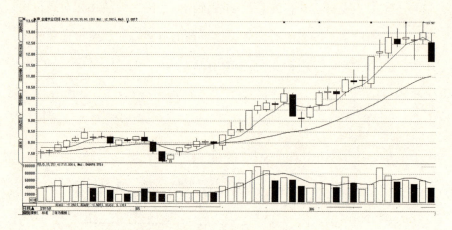

图5-15 2015年4月至6月金健米业K线图

答案:

　　介入金健米业的庄家使用打压式建仓的方法,使股价跌破了5日均线和30日均线。庄家利用股价跌破重要支撑位时大部分股民会卖出的心理,成功地在低位快速吸筹,而后拉动股价一路高涨(如图5-16所示)。

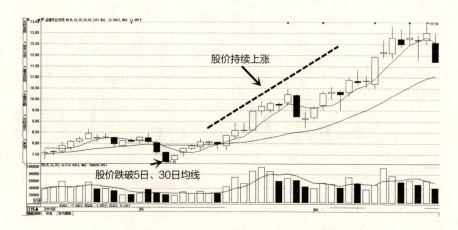

图5-16 2015年4月至6月金健米业K线图

第三节 长期震荡整理式吸筹建仓

　　绩优股即业绩优良且比较稳定的公司股票，一般很容易吸引众多投资者的关注。当庄家看上了绩优股时，其他的投资者同样相中了这类股票。在这种情况下，庄家通常不会使用向下打压股价的方法吸筹，否则股票价格变低就会被其他投资者收走。这时庄家会利用长期震荡式整理的方式来吸筹，即在大盘上涨时期设置阻力，如在上一档的阻力位放出大卖单，抑制股价上涨；在股价下跌时多次小笔买进。当股价跌到关键位置时，庄家又会在支撑位放上大买单。这样使股价在一定区域内运行，庄家可以充分吸筹。

　　投资者看到股价长时间在平台横盘，难以有较大的突破，而这一时期内的其他股票涨涨跌跌，打出差价有利可得，便没了耐心，廉价抛出手中的股票，再次寻找新的目标。

　　震荡整理式建仓有三种方式，即箱体型吸筹建仓、横盘型吸筹建仓、低位加码型吸筹建仓。

>>要点解析

（一）箱体型吸筹建仓

1.庄家在低位吸筹，股价在一箱体内上下波动（如图5-17所示）。

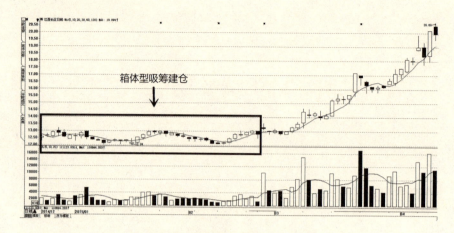

图5-17 箱体型吸筹建仓示意图

2. 庄家这时对敲，自己买又自己卖。

3. 当其他投资者以低价卖出，庄家便赶紧吸入。

4. 当价格上涨，庄家则用大笔卖单将价格压下来。

5. 分时走势图中，显示出股价急跌后慢慢抬升的走势。

6. 庄家用小阳线引诱持有者抛售，利用高开低走的阴线逼迫其卖出。

7. 箱体型吸筹建仓主要用于新股、次新股、盘子较小的个股，这类股票易于操控，这样庄家才能自由控制股价。

（二）横盘型吸筹建仓

1. 庄家在某一价位将全部的卖单收购，而后开始打压股价，不让股价有升高的机会（如图5-18所示）。

2. 此时若有其他投资者低价卖出手中的持股，庄家趁此机会赶紧将其收入囊中。

3. 这时的股票走势很难被投资者发觉，但从K线与成交量的表现上可以观察出一些迹象：K线阴阳相隔，反复出现十字星，成交量较为均匀。

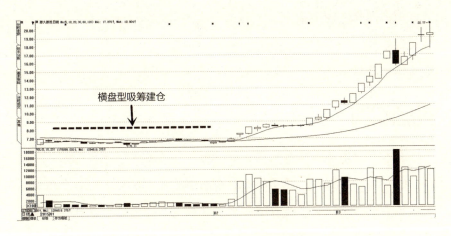

图5-18　横盘型吸筹建仓示意图

（三）低位加码型吸筹建仓

1. 庄家将股票的价格推到一定的高位。

2. 大盘整体走弱，庄家抵挡不住不断涌出的卖盘，只能跟随大趋势。

3. 等到空方的力量耗尽，庄家再次发动力量（如图5-19所示）。

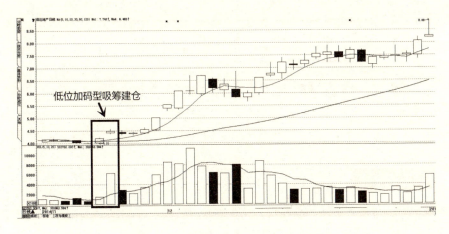

图5-19　低位加码型吸筹建仓示意图

4. 这类股票具有黑马的潜力，股民朋友们可以对冷门股多加关注；或者对长时间横盘后出现的长阳线多加关注。此时多是庄家拉升股价的开始，股民朋友若在此时介入这类股票，便可以坐等庄家抬高股价借机获利。

>>实盘操练

　　介入开创国际（股票代码：600097）中的庄家曾使用过箱体型吸筹。2015年4月至5月，庄家操控股价形成了箱体震荡，达到在低价区吸筹建仓的目的。许多投资者还未意识到股价在底部来回震荡意味着什么，失去耐心后便抛出手中持股，这时候庄家趁机收购。5月22日，股价突破箱体时的价格为18.57元；而经过庄家一段时间的抬高，最高价涨至6月4日的30.40元，涨幅达63.70%（如图5-20所示）。

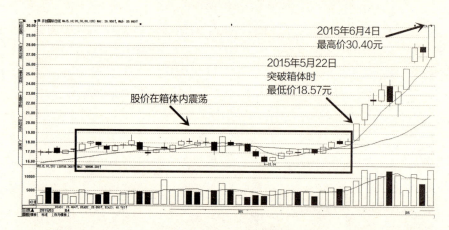

图5-20　2015年3月至6月开创国际K线图

>>巩固练习

问题1：

　　介入三友化工（股票代码：600409）的庄家在拉升股价之前，是怎么样提高自己手中筹码数量的（如图5-21所示）？

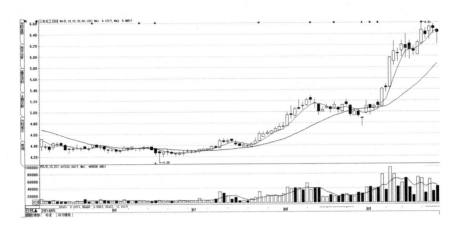

图5-21　2014年5月至9月三友化工K线图

答案：

庄家在介入了三友化工（股票代码：600409）后，在2014年5月至6月采取了横盘型吸筹建仓的方式，在股价的低位区反复出现十字星并且成交量平稳。庄家的动作十分轻缓，不容易被其他投资者发现，随后庄家很轻松地拉升股价，少有人能及时跟进（如图5-22所示）。

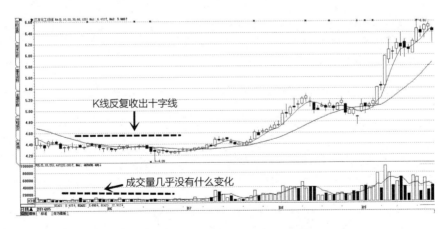

图5-22　2014年5月至9月三友化工K线图

问题2：

介入柳化股份（股票代码：600423）的庄家使用了什么的建仓方

式完成了建仓阶段（如图5-23所示）？

图5-23　2014年12月至2015年6月柳化股份K线图

答案：

　　介入柳化股份的庄家使用了低位加码的建仓方式，在2014年12月18日收出了一根大阳线，股价的最低价为5.41元。庄家开始有所动作，股价连续涨停；截至2015年3月26日，该股最高价已经达到9.54元（如图5-24所示）。

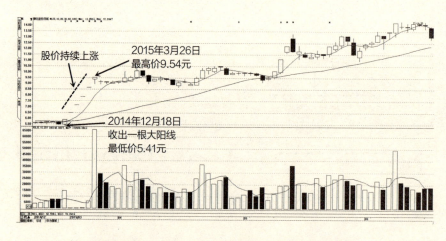

图5-24　2014年12月至2015年6月柳化股份K线图

问题3：

面对绩优股，庄家通常会采取哪些建仓方式？（　　　）

A. 利用大盘的调整期，打压股价趁机建仓

B. 箱体型建仓

C. 横盘型建仓

D. 低位加码型建仓

答案：

B、C、D。

绩优股受到的关注度相当高，庄家在建仓时若采用向下打压股价的方法，以低价抛售股票会被其他的投资者趁机收购。

第四节　拉高式吸筹建仓

>>概念精读

　　拉高式建仓，是指庄家为了在短期内获得足够数量的筹码，不计较建仓的价格，通过快速拉升股价的方式吸引散户，以换取其手中的筹码。这是一种利用散户惯性思维逆向操作的手法。很多散户认为，庄家为了降低成本会采取打压股价的方式进行建仓或庄家往往在低位建仓，而这种拉高式建仓就反其道而行之，把股价推升至相对高位时建仓。

　　庄家采用拉高式建仓通常有两个原因：（1）庄家发现了某只潜力股，为了获取利润，需要在短时间内完成建仓和派发的过程；（2）庄家没有收集到足够数量的股票，只能通过快速拉升股价的方式吸引散户手中的筹码。

　　庄家的拉高式建仓很容易使投资者误以为庄家要出货，便做出卖出股票的错误决定，结果正中庄家下怀。而庄家的建仓成本虽然较高，但其更看重的是后市，股票的背后有良好的支撑，如重大题材和利好消息，股价还会有极大的提升空间。

　　拉高建仓的操作形式有台阶式建仓、短庄快速建仓等。

（一）台阶式建仓

1. 股票的价值高，受到的关注也越多，庄家在低价区很难充分吸收到筹码。

2. 此时散户早已斩仓或是做好了被套牢的准备。

3. 庄家只能缓慢地提升股价，走势图中呈现出台阶状的价格走势（如图5-25所示）。

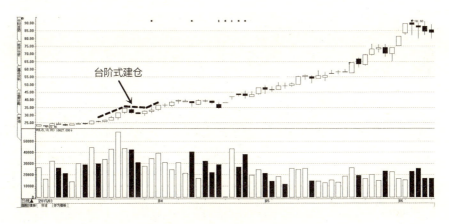

图5-25　台阶式建仓意图

（二）短庄快速建仓

1. 一般短庄选择流通盘小、容易操控的个股。

2. 短庄提高价格大量收入股票，诱使散户获利了结，迅速地建仓。

3. 短期内换手率高，庄家吸筹速度较快；市场中的投机氛围浓厚，形成明显的板块效应。

4. 短庄的振幅较大，这时形成的行情较为短暂，有可能涨停和跌停交替出现。股价大起大落，洗盘的过程惊心动魄。庄家介入的程度较浅，形成的行情也较为短暂，散户很容易受到迷惑（如图5-26所示）。

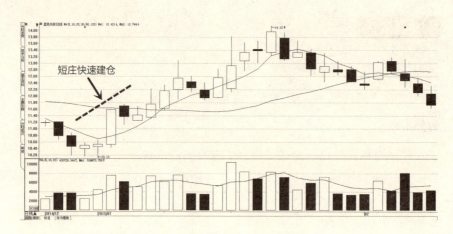

图5-26　短庄快速建仓示意图

>>实盘操练

　　作为行业内的龙头企业，横店东磁（股票代码：002056）的价值很高，庄家很难在低位区吸收到足够的筹码，因此采用了台阶式建仓吸筹的方法，缓慢地抬升股价。股民朋友可以在庄家建仓的初期介入该股，如2015年2月10日该股的最低价为22.57元，截至6月5日，股价被庄家拉升至最高价46.72元，涨幅达107%（如图5-27所示）。

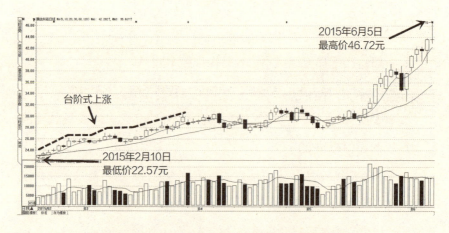

图5-27　2015年2月至6月横店东磁K线图

问题1：

试分析华东重机（股票代码：002685）在2015年3月至5月，其股价走势与成交量变化反映出怎样的信息（如图5-28所示）。

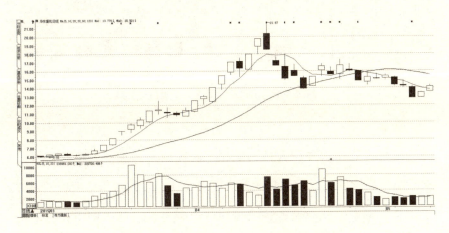

图5-28　2015年3月至5月华东重机K线图

答案：

介入华东重机的庄家迅速拉升股票价格，成交量形成堆量，4个交易日内的换手率就高达51.25%，股价快速上涨而在达到最高点后，又迅速下跌。这些是明显的短庄特点，形成的行情也较为短暂（如图5-29所示）。

问题2：

庄家采取拉高式建仓，能给普通散户带来什么好处？

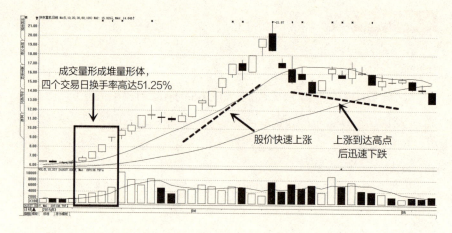

成交量形成堆量形体，
四个交易日换手率高达51.25%

股价快速上涨

上涨到达高点
后迅速下跌

图5-29 2015年3月至5月华东重机K线图

答案：

拉高式建仓这种行为较为明显，股民朋友稍加注意便可观察出来。虽然庄家的洗盘动作会比以往更加犀利，然而这也给股民朋友提供了良好的中短线投资的机会。短线投资者可以遇跌则买，遇涨则卖。中线投资者则可以半仓介入，同时掌握好介入的时机以及加仓的时机，先期介入肯定会经历庄家的强力洗盘甚至短期被套。拉高式建仓的后市行情不会太快结束，投资者们要耐心地等待。

第六章

庄家拉升

经过建仓操作以后，庄家手中已经拥有了一定的筹码，那么下一步庄家会做什么？这些手持大笔资金的股市大鳄会像散户一样被动地等待股价上涨吗？

事实上，庄家在股市中投入了大量资金，可能面临的风险就比散户成倍增加。因此，为了降低这部分风险，或者说为了更快地赚取暴利，庄家在建仓吸筹后都会进行另外一种操作——拉升。

第一节　庄家拉升的目的

>>概念精读

　　庄家在吸取到足够的筹码之后，拉升就成为必不可少的步骤。也就是说，如果不进行拉升操作，庄家就无法获得满意的利润。

　　庄家拉升股价最根本的目的就是获得足够的利润，但是面对不同市场情况的时候，其拉升的手段或者方式会有所不同，有时部分庄家甚至会将很多种不同的拉升方式糅合在一起，这是股民在跟庄过程中遇到的最棘手也是最需要解决的问题。因此，要想成功跟庄，获得庄家盘中的美羹，股民朋友就必须了解庄家拉升股价的整体操作流程，而要想了解这一流程，就需要了解庄家拉升的目的。

>>要点解析

　　1. 由于前期的建仓、整理等操作，庄家在拉升股价前已经投入了大量的资金，如果不将股价拉升到一定的高度，就相当于增加了各项成本。

　　2. 随着庄家运作时间的增加，其意图、操作手法等暴露的可能性就会加大。因此，庄家更希望在较短的时间内股价能够到达一个较高的位置。

3. 股价的上涨能够吸引市场资金的注意，为日后的抛售奠定良好的基础（如图6-1所示）。

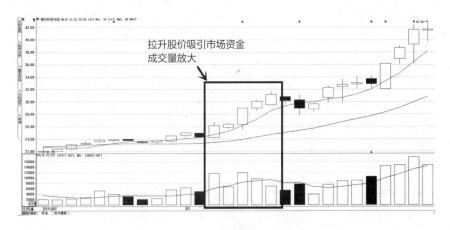

图6-1　拉升股价目的示意图

4. 庄家在拉升股价的过程中，整体图像会具有一定的特征，具体可以归纳为如下几点：

（1）均线系统。由于庄家拉升股价的时候会形成一段时间的上涨，因此个股的均线系统会呈现出较为明显的多头排列，甚至部分股票会呈现出牛股的特征（如图6-2所示）。

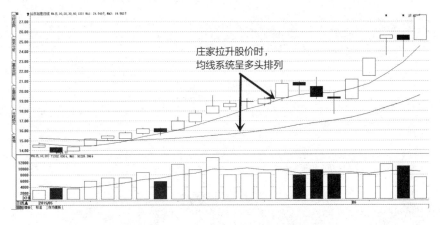

图6-2　庄家拉升股价时均线系统特点示意图

（2）成交量。成交量呈现出持续放大的态势，个股整体容易形成价升量涨、价跌量缩的量价关系，市场参与者变多，人气旺盛（如图6-3所示）。

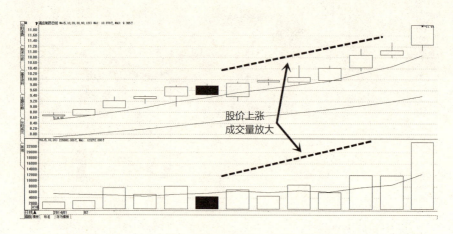

图6-3　庄家拉升股价时成交量上涨示意图

（3）K线系统。在庄家拉升股价的过程中，K线经常会在中高位区域收出大量的阳线，即便有时会收出部分阴线，但是阳线的整体涨幅也比较大，有时甚至会形成跳空高开甚至是连续跳空高开的现象（如图6-4所示）。

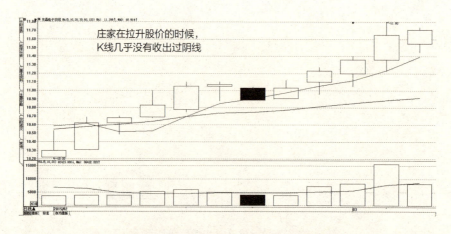

图6-4　庄家拉升股价时K线特点示意图

2015年2月中旬，启明信息（股票代码：002232）形成了底部堆量形态，但是股价只有小幅上涨，这说明有庄家介入该股，并且在底部吸取筹码。等到介入该股的庄家在底部吸取的筹码足够多时，便开始快速拉升股价，不管是拉升的速度还是幅度都比较大。

2月10日，该股最低价为11.00元；经过庄家一段时间的拉升后，截至4月7日，其最高价已经上涨至20.50元，其间涨幅达86.36%。从这段时间该股的涨幅就不难看出庄家拉升股价的目的，如果依靠股价自然的发展，在短短两个月的时间里，很难有如此涨幅（如图6-5所示）。

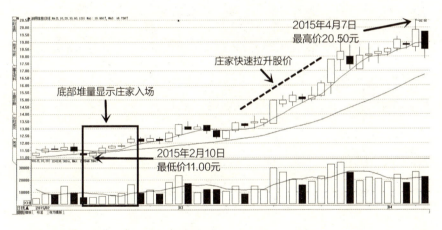

图6-5　2015年2月至4月启明信息K线图

问题1：

图6-6为庄家介入个股后拉升阶段的K线走势图，试从图中分析庄

家拉升股价时，有什么样的技术特点。

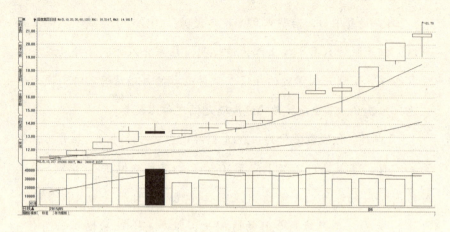

图6-6 问题1配图

答案：

在庄家拉升股价的这段时间里，该股整体有以下几个特点：首先，该股均线系统呈现出了多头排列的态势。其次，该股成交量也在随着股价的上涨而放大。最后，K线几乎一直在收阳线，很少收出阴线（如图6-7所示）。

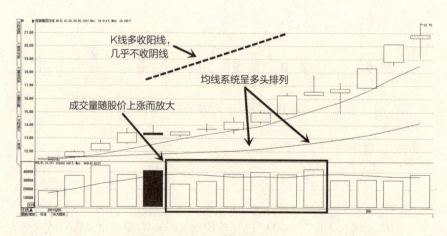

图6-7 答案配图

问题2：

庄家拉升股价的目的是什么？

答案：

庄家费力拉升股价的目的就是将股价抬高到一定的高度后，将自己手中的筹码以较高的价格抛售，最终赚取暴利。

第二节 拉升前试盘

>>概念精读

庄家为了成功地拉升股价，会在拉升前用少量的资金介入个股，对盘口进行试探，这就是试盘。具体地说，就是庄家操控小部分资金抬升或打压股价，观察市场内各方的反应、投资者的持股意愿等，以此探明可以拉升股价的最佳时机。

从技术层面上说，庄家试盘通常有以下几个目的：一是观察盘中是否有其他庄家；二是制定具体的拉升方案；三是确定盘中筹码的安定性，是否已经到了拉升时机。

>>要点解析

（一）测试股民持股意愿

1. 开盘时，庄家低价抛出一笔筹码（如图6-8所示）。

2. 若股价呈现慢慢向下，回档幅度不深而且成交量萎缩的现象，意味着散户不愿低价抛出持股。

3. 这种情况下，如果庄家看淡后市，可以选择拉高出货。如果庄家看好后市，这时浮筹很少，可以借力拉升股价，不再洗盘。

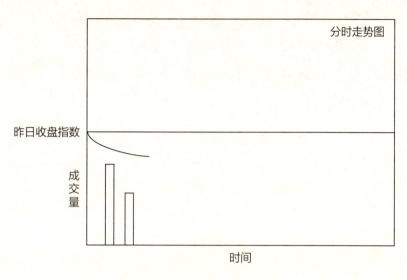

图6-8 庄家测试股民意愿示意图

（二）测试散户追高意愿

1.庄家在开盘时做出强势的开盘价，以测试投资者追高的意愿是否强烈（如图6-9所示）。

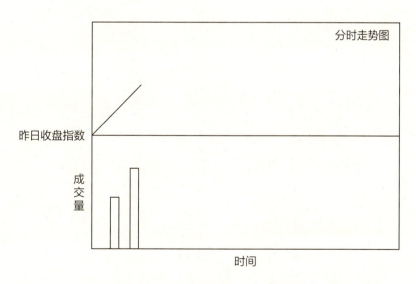

图6-9 庄家做强势的开盘价示意图

2.如果投资者对后市看好，积极买入，股价和成交量都会上涨。

3.庄家看到市场中高涨的人气和强烈的追涨意愿，便会顺势抬升股价，再做出一波上涨行情。

（三）庄家制造时机抬升股价

1.庄家做高开盘价（如图6-10所示）。

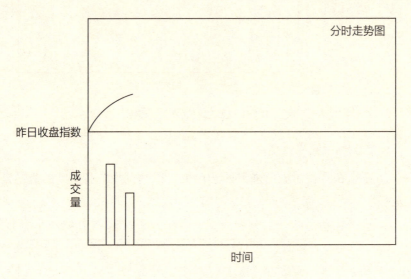

图6-10 庄家制造时机抬升股价示意图

2.散户不愿追涨，那么盘中就会表现出价涨量缩的现象，此时如果庄家硬要拉升股价，就需要付出更多的资金和精力。

3.综上原因，庄家遇到散户不愿追高的情况时，通过联合上市公司放出利好消息等手段创造出合适拉升的整体环境。

（四）强势盘面的试盘对策

1.庄家通过盘中的量价关系分析出投资者的追涨不杀跌心理。

2.盘中呈现出价涨量增或价跌量减（如图6-11所示）。

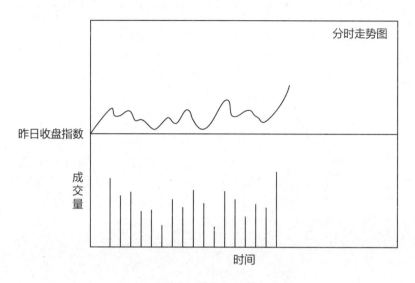

图6-11　庄家强势盘面的试盘示意图

3. 股价在一天之内都高于前一天的收盘价。

4. 盘中展现出的各种特性意味着这是一个强势盘，庄家大多会在后市发起猛烈的攻击，以急拉的方式收盘，尾盘将空方击毙，为次日的交易提前注射一针兴奋剂。

（五）弱势盘面的试盘策略

1. 投资者的追高意愿薄弱，急于抛出筹码。

2. 盘中出现价涨量缩、价跌量增的背离走势（如图6-12所示）。

3. 当天的股价一直在前一天收盘价之下波动。

4. 这时候的大盘处于弱势，股价有一定的涨幅，后市却不被看好，庄家会利用利好消息出货。如果后市被看好，庄家还未吸足筹码，会打压股价继续吸货。若庄家已经吸足筹码，庄家只能保守等待。

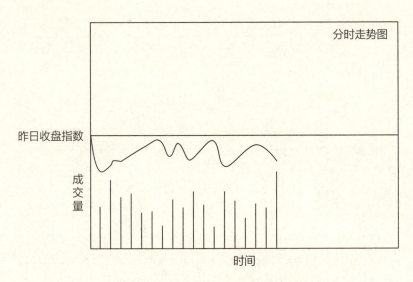

图6-12 弱势盘面的试盘对策示意图

（六）测试卖压

1.开盘时，庄家利用一笔筹码，向下压低股价（如图6-13所示）。

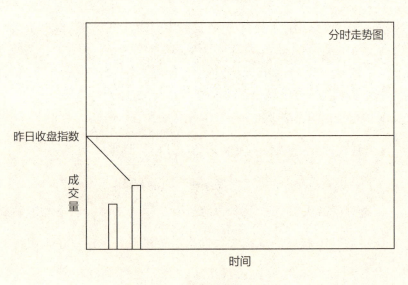

图6-13 庄家测试卖压示意图

2.庄家测试下档的承接能力。

3.下跌的幅度若超出预期并且伴有成交量放大，意味着卖压较重。

4.投资者的卖出情绪较高，并不会因为价格下跌而停止卖出。

5.庄家使用这种手法试盘的时候，如果不看好后市，可能会故意拉高股价卖出持有，到尾盘做空；如果看好后市，可能继续吸筹、洗盘等，但不适合拉升股价。

>>实盘操练

　　庄家为了测试宜安科技（股票代码：300328）中散户的持股意愿，在2015年5月13日一开盘便压低股价。股价上涨后出现回档，但回档幅度不大，说明散户不愿杀跌。而庄家此时看好后市，借势拉抬股价。股价由5月7日的最低价28.80元，拉升至6月2日的最高价58.80元，其间涨幅达104.17%（如图6-14、图15-15所示）。

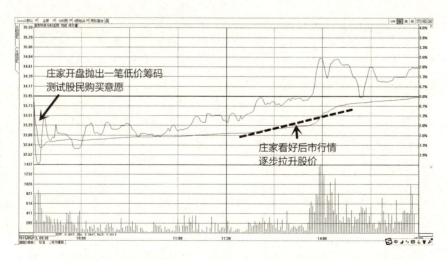

图6-14　宜安科技2015年5月13日分时走势图

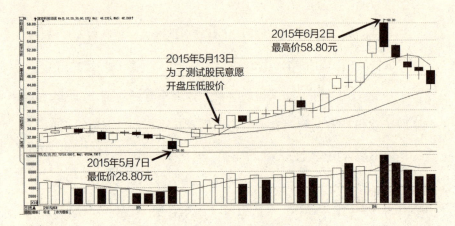

2015年6月2日
最高价58.80元

2015年5月13日
为了测试股民意愿
开盘压低股价

2015年5月7日
最低价28.80元

图6-15 2015年4月至6月宜安科技K线图

>>巩固练习

问题1：

庄家试盘有何意义？

答案：

试盘意味着庄家即将进行一场大规模的进攻。试盘主要是用来判断场内的情况，如是否有庄家做庄，跟风盘的多少以及市场抛压的大小，等等。庄家通常会在开市时故意拉高或压低股价，观察市场内各方的反应，以此来判断接下来是出货、抬升还是洗盘。股民朋友们若是能了解庄家的操作手法，便可以成功跟庄。

问题2：

在图6-16中，庄家是怎样进行试盘的？后市又进行了怎样的操控？

答案：

介入苏交科（股票代码：300284）的庄家在2015年3月26日为了测试卖压程度，开盘时抛出了一笔筹码，将股价压低。而后股价下跌

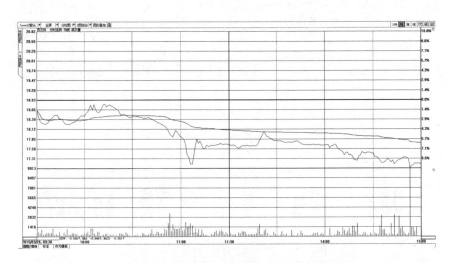

图6-16　2015年3月26日苏交科分时走势图

成交量也放大，超出了庄家的预期程度，这意味着当前交易日的卖压重，散户见到股价下跌便疯狂卖出持股。但因为庄家看好后市，吸收了一些筹码后被动护盘，后面几个交易日开始拉升股价（如图6-17、图6-18所示）。

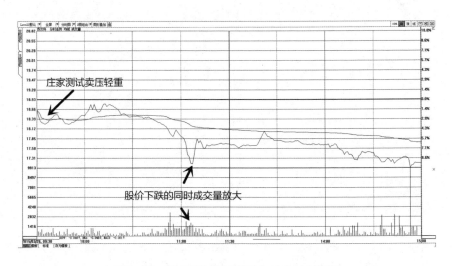

图6-17　2015年3月26日苏交科分时走势图

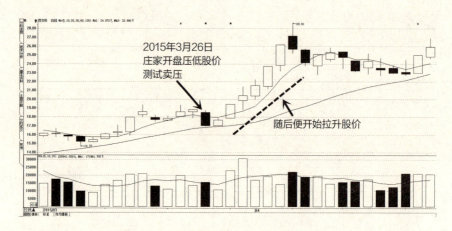

2015年3月26日
庄家开盘压低股价
测试卖压

随后便开始拉升股价

图6-18　2015年3月至4月苏交科K线图

第三节　拉升股价的方式

>>概念精读

　　庄家在操控股价的时候，除了洗盘震仓外，也会设法吸引散户入场。在拉升股价时若能够吸引到大量的追风买盘，庄家只需花费一点力气和少量的资金成本，便能成功抬高股价。庄家在拉升股价的过程中，根据自己实力大小、市场环境、股票具体情况而采用不同的方式。

>>要点解析

（一）突飞猛进式拉升

　　1.通常庄家借助于利好消息对股价进行大幅度的抬升。

　　2.庄家可以随心所欲地将股价快速拉升到高位，接近预期的目标价位（如图6-19所示）。

　　3.股价在高位长期缩量横盘。

　　4.当市场中的投资者逐步接受了股价的变化时，庄家早已完成缓慢地出货，逃之夭夭。

（二）45°斜线式拉升

　　1.45°斜线式拉升手法常见于强庄股中，且庄家能够绝对控盘。

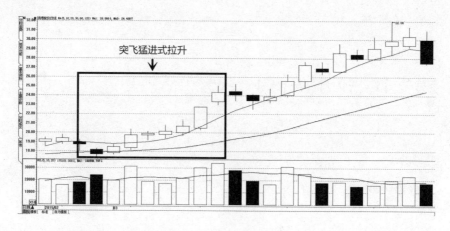

图6-19 突飞猛进式拉升示意图

2. 这种拉升手法大多出现在个股的某一交易日的走势上，有时是连续多日的（如图6-20所示）。

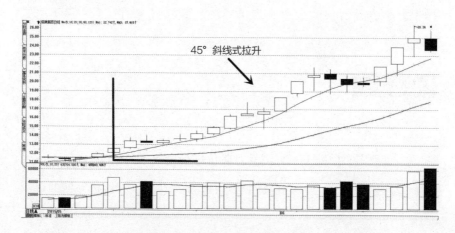

图6-20 45°斜线式拉升示意图

3. 庄家放入大笔买单，以吸引市场的注意力。

4. 股价推高的过程较慢，还有追涨的机会，能够吸引大户跟进。

5. 使用45°斜线式拉升手法的原因有：庄家的财力雄厚；上市公司有题材配合，有同时获利和派发的时机。

（三）台阶式拉升

1.庄家实力有限，但操控着的都是大中盘股。

2.利用利好消息稳步拉动股价。

3.拉升过程中不会出现过于猛烈的洗盘行为（如图6-21所示）。

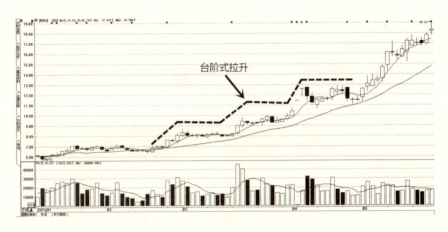

图6-21　台阶式拉升示意图

4. 庄家实力有限，在拉升的过程中，持有的筹码不是很多，没有足够的能力进行洗盘，而过于猛烈的洗盘会引发散户恐慌性心理，一旦大量抛盘，庄家没有足够的资金用来承接。所以庄家选择台阶式拉升的方法，使股价比较缓慢地增长，这样大部分投资者都愿意跟进。

>>实盘操练

介入重庆啤酒（股票代码：600132）的庄家采取了突飞猛进式拉升方式，将股价由2015年2月6日的最高价15.45元拉升到期望值附近，股价横盘后在4月8日达到最高价28.79元。此期间的涨幅达到了86.34%（如图6-22所示）。

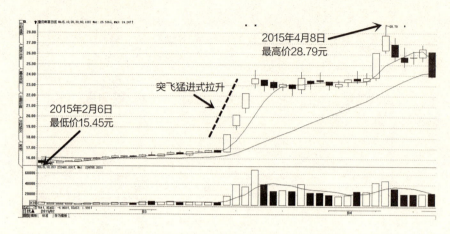

2015年4月8日
最高价28.79元

突飞猛进式拉升

2015年2月6日
最低价15.45元

图6-22　2015年2月至4月重庆啤酒K线图

>>巩固练习

问题1：

在图6-23中，介入浪莎股份（股票代码：600137）的庄家采用了什么样的手法操控股价？其影响又是什么样的？

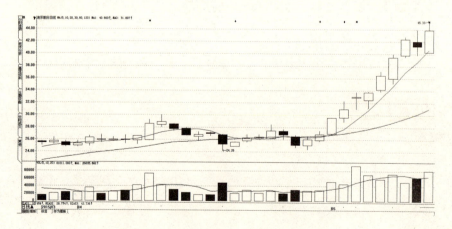

图6-23　2015年3月至5月浪莎股份K线图

答案：

庄家介入浪莎股份后，开始强硬抬升股价，以45°斜线式直接拉升，该股由2015年4月29日的最低价24.40元抬升至5月28日的最高价45.33元，涨幅高达85.78%（如图6-24所示）。

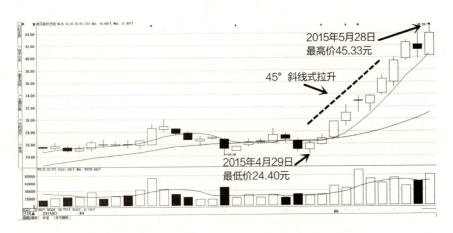

图6-24　2015年3月至5月浪莎股份K线图

问题2：

下列哪种拉升方式最缓和、不会出现过于猛烈的洗盘行为？

A. 台阶式拉升

B. 45°斜线式拉升

C. 突飞猛进式拉升

答案：

A。

选择台阶式拉升的庄家通常自身实力有限，但是操作的却是大中盘股，其吸收到的筹码占总筹码比例很小。它们既没有足够的筹码砸盘，也没有过多的资金顶住散户的大量抛盘，于是只能平稳地抬升股价。

第四节 拉升的盘面特征

>>**概念精读**

　　庄家通过试盘，能够基本掌握盘面的形势，了解盘中存在多少不流动的筹码，这些不流动筹码是阻挡其敛财的障碍。庄家完成建仓后，在接下来的操作中只需要将前期制定的策略一步步展开，利用筹码和资金，揭开拉升股价的序幕。

　　拉升股价主要有以下两个方面的表现特点：一为技术特点，二为盘面特点。

>>**要点解析**

（一）技术特点

　　1. 个股的走势与大盘的走势不同，通常发生在大盘走势比较乐观的时候。此时大盘表现良好，个股走势一旦比大盘更强势，就能吸引到市场资金的注意。

　　2. 个股具有一定的爆发性。一般来说，庄家拉升一只股票的初期，个股会经常呈现连续轧空的走势，并且随着行情的不断发展，成交量也会持续放大，整体走势构筑出大举向上突破的现象。

　　3. 在开盘后的几分钟或者收盘前的几分钟最容易出现拉升现象。

这是因为股民对后市行情没有一个准确的判断，因此不会轻易做出买进或者卖出的决策。此时庄家只需要动用少量的资金，就能够较为轻松地操控股价运行（如图6-25所示）。

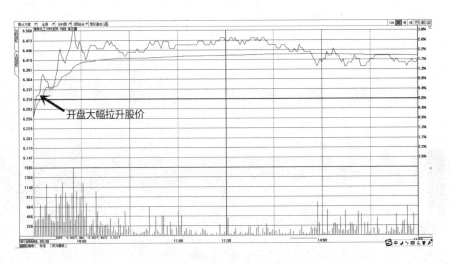

图6-25　开盘庄家拉升股价示意图

4. 当庄家准备大幅拉升股价的时候，多会以利好消息作为推动股价上涨的外在因素。因此，庄家拉升股价的时候，经常会出现各种各样的朦胧利好消息。

5. 大盘表现得好便可以吸引到场外资金，那么个股的走势比大盘还要好时，对于散户的吸引力则更强。而快速拉升股价容易产生暴利，这样更能达成诱惑的效果。

（二）盘面特征

1. 股价经常跳空高开形成向上的缺口，且短线不予回补（如图6-26所示）。

2. 股价经常在中、高价位区连续收出阳线（如图6-27所示）。

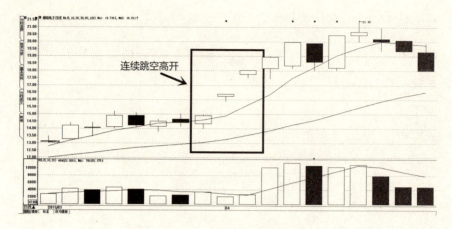

图6-26　跳空高开示意图

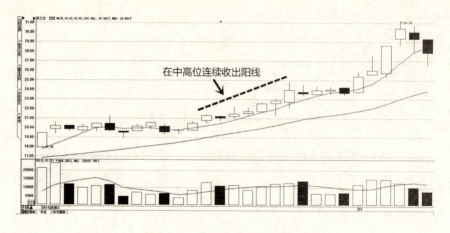

图6-27　连续收出阳线示意图

3. 股价经常在遇到阻力位时通过震荡来减轻来自该阻力位的压力，待突破之后立即加速上涨（如图6-28所示）。

>>实盘操练

四通新材（股票代码：300428）自2015年5月开始，盘中呈现明显的庄家拉升的特征。股价先是连续收出了几根阳线，而后在阻力位附近横盘。在突破了阻力位后，股价大幅上涨，形成向上的跳空缺口。

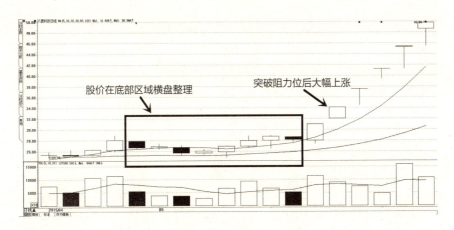

图6-28　股价突破阻力位示意图

而这时的MACD指标两线也在0线以上，并且同时向上运行（如图6-29所示）。

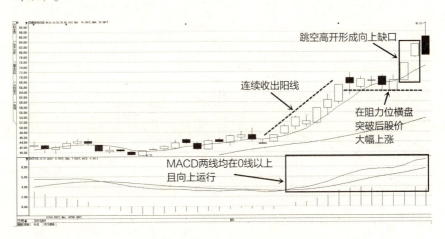

图6-29　2015年4月至5月四通新材K线图

>>巩固练习

问题1：

为什么介入远方光电（股票代码：300306）的庄家会在开盘后的几分钟内以及收盘前的几分钟内大幅拉升股价（如图6-30所示）？

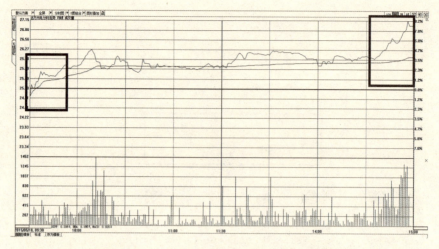

图6-30 2015年5月18日远方光电分时走势图

答案：

介入远方光电的庄家在2015年5月18日开盘后的几分钟内拉升股价，大多数散户在刚开市的时候不知道股票是否会上涨，也不知道能涨多少，因此这时候挂出的卖单较少，庄家可以轻松拉升股价。在收盘前几分钟，庄家快速拉升股价，以吸引散户和跟风盘的注意（如图6-31所示）。

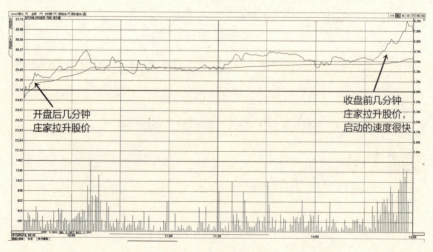

图6-31 2015年5月18日远方光电分时走势图

问题2：

通过盘面的特征可以完全确认庄家在拉升吗？

答案：

不可以。庄家在拉升的过程中，盘面会形成四个较为明显的特征，但是想完全确认庄家在拉升还要结合基本面的变化来判断。在庄家拉升的过程中，也要注意庄家制造的假突破现象。

第七章

庄家洗盘

　　洗盘是庄家在拉升股价的过程中最常用的手段。庄家之所以要进行洗盘，就是为了将拉升过程中的获利盘洗出来，这样不但可以减轻自己后市继续拉升的压力，也可以抬高市场的平均成本。对于普通的股民朋友来说，如果在跟庄的途中被庄家洗出来，那么就很可能会错失一段上涨行情，相当于将已经到手的利润又重新还给了庄家。因此，股民只有识破庄家洗盘的意图，才能不被洗出来，错失一段利润。

第一节　庄家洗盘的目的

>>概念精读

　　庄家手持大笔资金，如果被套牢，会承受比散户更多的损失。因此，在拉升股价之前或者拉升的过程中，庄家一定会进行洗盘，只有洗盘过后，盘中的浮筹才算基本被清理干净，后市的拉升才能变得更加顺利，减少被套牢的风险。

>>要点解析

　　1. 如果庄家在底部吸取足够筹码之后，便不顾一切地拉升股价，那么势必会遭受获利盘的猛烈抛售，这样不但会增加拉升的难度，还会增加坐庄失败的风险。因此，庄家为了顺利拉升股价，就必须进行洗盘，以便能够将部分在底部吸取到筹码的不稳定因素抹杀（如图7-1所示）。

　　2. 一些有经验的股民朋友能够及时捕捉到庄家的动向，在庄家吸筹时便及时跟进，但是这部分股民中的一些人为了规避庄家出货以及股市的风险，乐得在庄家拉升的过程中从容出局，庄家的洗盘正是给了这些人撤离的信号。

　　3. 部分在庄家洗盘过程中被洗掉的股民朋友会因此损失一波上涨

行情，但是如果庄家再次执行洗盘操作，这部分股民就会将其视为阶段性底部的出现，于是跟风盘蜂拥而入，这不但能够刺激股价的上涨，还能使庄家摸清市场中的购买欲是否强烈，为后市出货做充分准备（如图7-2所示）。

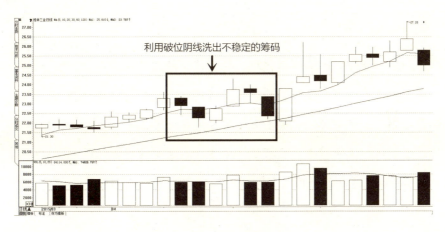

图7-1 庄家洗盘示意图

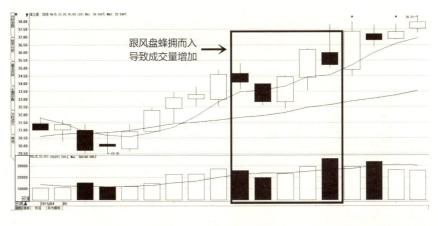

图7-2 跟风盘涌入示意图

4. 从本质上说，庄家的洗盘实质上是一种股票的换手操作。庄家在控盘的过程中，需要更多新资金的介入，以便能够提高市场的平均成本，增加筹码的稳定性。

5. 庄家在洗盘的过程中，可以通过高抛低吸来获取可观的差价，从而间接地降低自己的持仓成本。这一过程也能套住一部分新进资金，增加庄家拉升股价的信心，也扩展了其获利空间。

>>实盘操练

介入键桥通讯（股票代码：002316）的庄家在尝试拉升股价的时候，发现市场中存在较多的浮筹，这些浮筹已经有了些许利润，因此留下它们，会导致庄家的主拉升行情变得异常困难。所以为了减轻后市主拉升行情的压力，庄家选择依靠洗盘来洗掉场内的浮筹，这样也间接提高了市场的平均成本（如图7-3所示）。

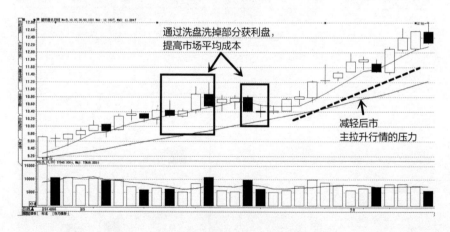

图7-3　2014年8月至10月键桥通讯K线图

>>巩固练习

问题1：

有人说庄家洗盘是为了将场内的全部筹码揽入自己手中，这种说法对吗？

答案：

这种说法是不正确的。庄家洗盘主要是为了将场内的浮筹清理干净，以便为后市拉升以及出货奠定良好的基础，并不是为了清空场内的筹码。

问题2：

下列说法中，正确的是哪一个？

A. 庄家洗盘是为了提高市场平均成本

B. 庄家洗盘是为了清理市场中的浮筹，减小拉升时的压力

C. 通过洗盘，庄家能够间接地降低自己的成本，提高自己的收益

D. 通过洗盘能够增加筹码的稳定性，从而在出货的时候能够做到顺利派发

答案：

A、B、C、D。

第二节　庄家洗盘的手法

>>概念精读

　　股价在突破某一个阻力位后，庄家通常都会进行洗盘，这是因为不管是强庄还是弱庄，都不希望在后市的拉升过程中，受到一部分不稳定获利盘抛售的影响。

　　当股价上涨到一定的高度后，一部分"恐高"的股民会回吐自己手中的获利筹码，庄家此时也会为了减轻后市的拉升压力而进行顺势打压，这就是庄家洗盘的通用手法。

　　一般来说，庄家的洗盘手法可以分为四种：一是打压式洗盘，二是上下振荡式洗盘，三是边拉边洗式洗盘，四是横盘整理式洗盘。

>>要点解析

（一）打压式洗盘

　　1. 打压式洗盘通常会被庄家应用于绩差类个股。

　　2. 投资绩差类股票的股民常常抱着较重的投机心理，因此这类个股的稳定性都比较差，一旦个股走势发生变化，这些一只脚踏在场内、一只脚踏在场外的股民就会随时准备逃跑。

　　3. 由于这类个股基本面较差等原因，真正看重后市发展的投资者大多数不愿意追高买进，他们更愿意等待逢低吸筹的良机。

4.庄家正是利用了这些股民朋友的心理，在小幅拉升股价后，便趁机打压股价，促进股票的换手，充分营造市场的空头氛围，激化股民散户的抛售心理，以此达到洗盘的目的（如图7-4所示）。

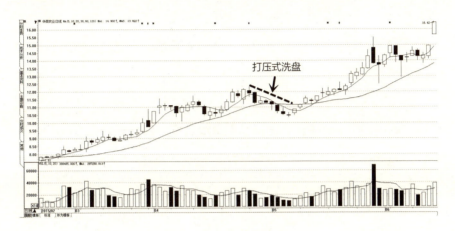

图7-4　打压式洗盘示意图

（二）上下振荡式洗盘

1.上下振荡式洗盘手法比较常见，通常表现为庄家操控股价在一个既定的区域内不断波动，让投资者摸不到股价运行的规律（如图7-5所示）。

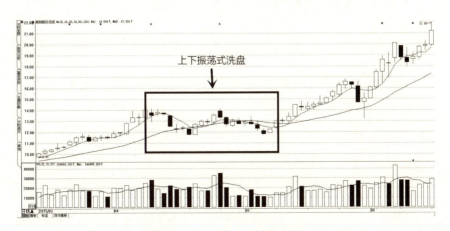

图7-5　上下振荡式洗盘示意图

2. 这种方法一方面考验着散户的胆识，一方面也考验着散户的耐心，在这种双重"折磨"下，散户通常都会乖乖地交出手中的筹码。

3. 上下振荡式洗盘的具体特征：

（1）一个交易日内价格振动幅度比较大；

（2）K线都收出阴阳相间的实体，并且第二个交易日收盘价与第一个交易日相比反差较大。

（三）边拉边洗式洗盘

1. 边拉边洗式洗盘手法是股市中最为常见的一种洗盘方式。它最大的特点就是将洗盘融入拉升过程中（如图7-6所示）。

图7-6 边拉边洗式洗盘示意图

2. 庄家通过每日放量拉升股价，随后再用大笔卖单封住个股上升势头，或者主动回吐部分获利筹码，致使市场中的跟风盘受惊抛售，最终导致股价迅速回落，并且在日K线图上留下长长的上影线。

3. 通过上述操作模式，庄家在拉升股价的同时也完成了洗盘，并且在高位锁定了一部分筹码，通过不断的同模式操作，不但可以维持住高涨的市场人气，也能使市场的持股成本不断提高，为后期的出货奠定出良好的基础。

（四）横盘整理式洗盘

1. 如果个股的基本面良好，并且后市具有较大的发展空间，那么庄家就很难利用强硬的技术手段使股民吐出手中的筹码。

2. 庄家会在拉升股价的过程中，突然停止做多，让股价进行横盘整理，使缺乏耐心的股民不得不自动出局（如图7-7所示）。

3. 横盘整理式洗盘手法持续的时间一般比较长，因此庄家很少会使用这种方式来进行洗盘。

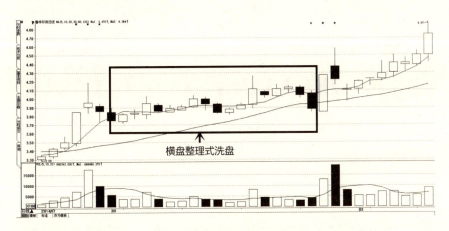

图7-7　横盘整理式洗盘示意图

>>实盘操练

2015年5月中旬，由于受到央行调息以及《人民日报》发文提示注意股市风险等消息的影响，股市连续下跌三个交易日。在这段时间里，介入双箭股份（股票代码：002381）的庄家十分灵活地借助于这次跌势，进行了打压式洗盘。

从图7-8中可以看到，在洗盘之前该庄家已经透露了些许拉升股价的意愿，该股K线连续几个交易日一直收出阳线，并且成交量有随之放大的迹象。但是受到大势的影响，该庄家果断放弃拉升念头，顺势打压股价，进行更深一步的洗盘操作，增加筹码的稳定性。当整体局势平稳后，该庄家开始正式拉升股价。截至6月11日，该股最高价已经被拉升至23.00元，与4月2日的11.75元相比，涨幅达95.74%。如果股民在中途不幸被洗掉，那么就会错失这一次获利良机。

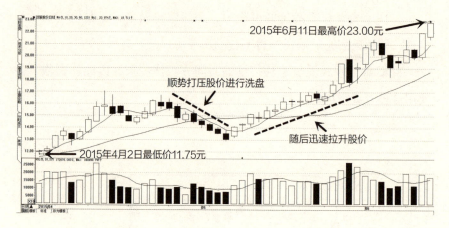

图7-8　2015年4月至6月双箭股份K线图

>>巩固练习

问题1：

图7-9是庄家洗盘过程中的截图，试分析介入这只股票的庄家采用的是什么样的洗盘手法，这种洗盘手法的优点是什么。

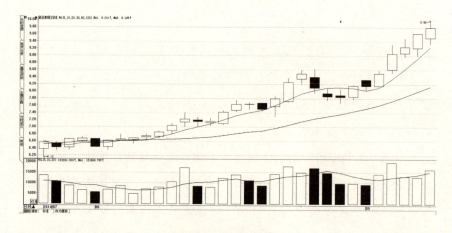

图7-9　问题1配图

答案：

介入这只股票的庄家采用的是边拉边洗式洗盘，从图7-10中可以看到，庄家在拉升股价的过程中，刻意构造出了"黄昏之星"以及"破位阴线"来洗掉盘中不稳定的筹码，以便能够减轻拉升时的压力。这种洗盘方式的优点在于可以将洗盘融入拉升的过程中，使股民摸不清庄家的控盘节奏，也缩短了庄家自己整体的控盘时间。

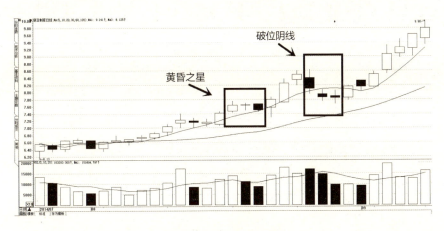

图7-10 问题1答案配图

图7-11中标注的部分为一种洗盘手法，结合个股整体K线形态分析这是什么样的洗盘手法。

答案：

2015年3月24日起，该股以8.19元的价格启动，形成了一波小幅上涨行情，随后便开始在中位不断上下波动，虽然波幅并不大，但是持续的时间较长。在波动结束后，又以较快的速度形成上涨趋势。截至6月12日，其最高价已经上涨至18.68元，其间涨幅达128.08%。

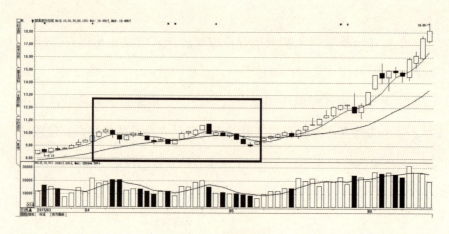

图7-11　问题2配图

结合整体图像以及成交量的变化规律，可以说在建仓吸筹结束后，介入该股的庄家采用上下振荡式洗盘手法，当股民在股价不断的波动中被洗出的时候，该庄家又迅速将股价拉起，并且采用了边拉边洗式洗盘手法，让股民根本摸不清股价变化的规律（如图7-12所示）。

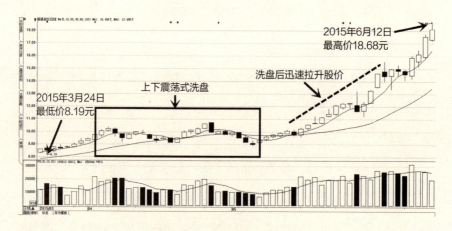

图7-12　问题2答案配图

第三节　庄家洗盘的盘口特征

庄家洗盘是为了吓跑信心不足的散户，因此就注定了会在洗盘的过程中构造出"虚软"的盘面，有时甚至会采取凶狠的跳水打压的形式使股价快速下跌。但是，不管是什么样的洗盘方式，庄家往往不会让股价跌破关键的技术位。这又是为什么呢？

原因很简单，庄家的洗盘只是为了洗出不稳定的筹码，但绝对不是全部筹码，在洗出一部分股民的同时，庄家还需要吸引一部分资金介入，以便能够逐级抬高市场平均成本。

具体来说，庄家在洗盘的过程中，会在盘口留下几个较为明显的痕迹。如果股民朋友能够熟知这些洗盘特征，那么就不容易犯下被庄家洗出局的错误。

>>要点解析

1. 股价一般都能维持在10日均线之上的位置，即便偶然跌穿10日均线，也能在较短的时间里被迅速拉起（如图7-13所示）。

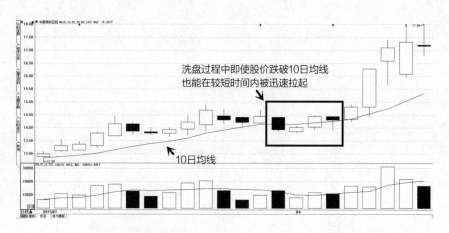

图7-13 洗盘过程中股价受10日均线支撑示意图

2. 股价下跌的时候，成交量并不能有效放大，在重要的位置会形成缩量企稳的态势，并且在随后的上升趋势中成交量能够呈现缓慢放大的态势（如图7-14所示）。

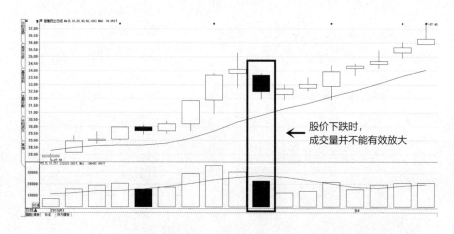

图7-14 洗盘时股价下跌成交量无法放大示意图

3. 洗盘初期个股涨幅并不大，在洗盘过程中跌幅也并不深，并且常常会收出带有上下影线的十字星，形成一种又要见底又要见顶的假象（如图7-15所示）。

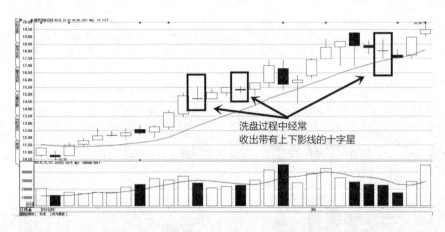

图7-15　洗盘过程中时常收出十字星示意图

4. 有时个股会形成大幅震荡的运行态势，阴阳线杂乱无章，市场行情越显飘忽不定，成交量变化也没有稳定的规律可循（如图7-16所示）。

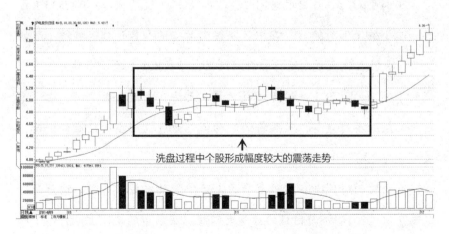

图7-16　洗盘过程中个股形成幅度较大的震荡走势示意图

5. 当盘面浮筹越来越少，最终以一根放量大阳线快速进入上涨行情的时候，说明洗盘基本结束，新一轮的升势已经开始（如图7-17所示）。

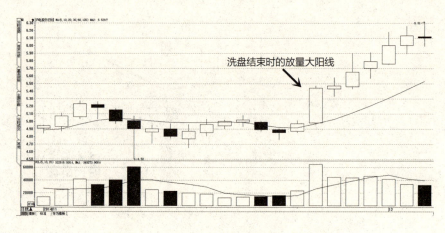

洗盘结束时的放量大阳线

图7-17　洗盘结束时的放量大阳线示意图

>>实盘操练

　　2014年6月至8月这段时间里，金杯电工（股票代码：002533）经过一波小幅上涨行情后，在中位以横向运行的趋势代替了持续上涨的势头，并且在这段横向运行的时间段里，该股K线多次收出带有上下影线的十字星，股价下跌的时候成交量也无法有效放大。此时，由于个股长时间的萎靡走势以及股价的波动，部分股民朋友已经撤到场外，成交量与之前的上涨阶段相比，大幅萎缩。

　　有经验的股民却在这种萎靡的走势中紧紧握住了持股，这是为什么呢？通过2014年8月11日的放量大阳线以及后市的快速上涨行情不难看出，之前该股的萎靡走势实质上是由庄家的洗盘操作所致。如果股民放弃了持股，匆匆离场，就会损失一段真正的上涨行情（如图7-18

所示）。

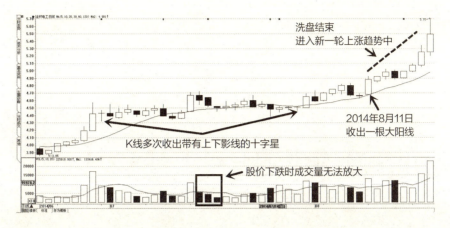

图7-18   2014年6月至8月金杯电工K线图

>>巩固练习

问题：

庄家在洗盘的过程中，所有的盘口特征都会形成吗？

答案：

2015年4月末至5月初这段时间里，受到宏观调控的影响，大盘指
数连续三个交易日暴跌，而这段时间正好是介入亚威股份（股票代
码：002559）的庄家洗盘的阶段，本应形成股价下跌、成交量无法有
效放大的洗盘特征，却在此时形成了价跌量平这种庄家出货时容易形
成的量价配合关系。

因此，在实际的投资过程中，股民朋友在熟知跟庄知识的基础
上，还需要结合实时以及整体投资环境，客观看待股市中的异象（如
图7-19所示）。

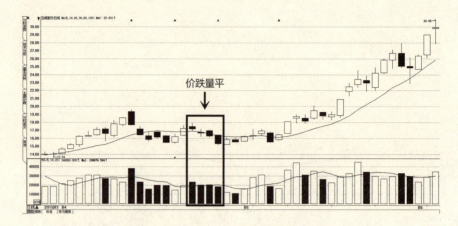

图7-19　2015年3月至6月亚威股份K线图

第四节　庄家洗盘结束的标志

>>概念精读

　　在跟庄过程中，即便股民朋友能够在底部跟庄家一起吸筹，最大限度地降低了自己的成本，但是如果不能在庄家洗盘的过程中站稳脚跟，最终也无法赚取有效的利润。因此，可以说庄家洗盘结束的时候，才是股民朋友真正赚钱的时候。

　　股民朋友没有在底部抄到筹码，也不代表失去了赚钱的机会。如果股民朋友能够捕捉到洗盘的结束点，并且果断介入其中，就能再次把握住赚钱的良机，这样还能有效规避庄家洗盘时产生的风险。所以，不管股民朋友打算何时介入庄股，熟知庄家何时会结束洗盘都是非常必要的。

>>要点解析

　　1. 洗盘是庄家在坐庄过程中必然会经历的环节，如果股民朋友能够在洗盘结束的时候介入个股，那么就能有效规避洗盘阶段产生的短线风险，买进就涨（如图7-20所示）。

　　2. 当股价在下跌的后期伴随着成交量大幅萎缩的时候，就意味着

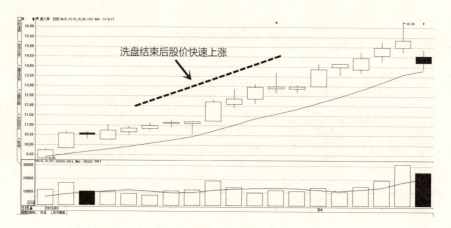

图7-20　洗盘结束后个股快速形成上涨行情示意图

庄家的洗盘即将结束。成交量大幅萎缩说明盘中的抛压已经消耗殆尽，获利盘、套牢盘、场外买盘等基本被清理干净，浮动的筹码已经影响不了庄家的控盘计划，留下的股民在格局没有发生重大改变之前，也不会轻易卖出手中持股。对这部分股民，庄家只有在后市的行情中给予真正的"实惠"。

3. 洗盘结束之前，下降通道会发生扭转。部分主力在洗盘的过程中喜欢采用小幅盘跌的方式，也就是在大盘不断创下新高的时候，庄家操控的股票却在不断收出阴线，从而构筑出一个坡度较为平缓的下降通道，当这个下降通道在某一天被一根放量大阳线打破的时候，就意味着洗盘已经结束（如图7-21所示）。

4. 均线系统从持续下行转变为慢慢上升。通常来说，除了边拉边洗式洗盘以外，其他洗盘方式都会有能够持续一段时间的下跌行情出现。这种现象会直接打破个股原有的技术形态，均线系统也会形成卖出信号。但是当洗盘结束或者即将结束的时候，均线会慢慢抬头向上。

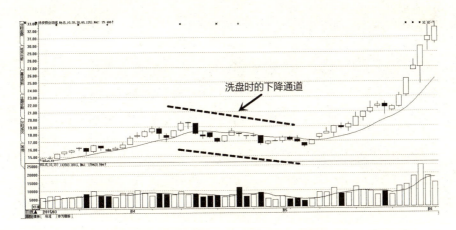

图7-21 洗盘结束时下降通道扭转示意图

5. 缩量之后再度放量。一部分庄家在洗盘的时候会操控股价在一个较为狭窄的区域不断震荡，只要股价还在这个区域内，庄家便放任股价自由运行，成交量在这段时间里明显萎缩，如果突然在某一个交易日成交量重新放大，就说明庄家即将开展新的行动，洗盘已经接近尾声（如图7-22所示）。

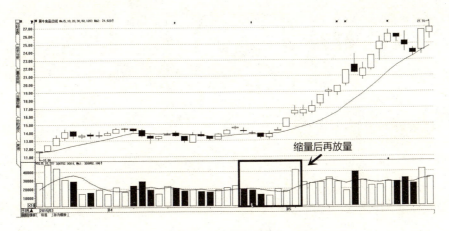

图7-22 洗盘结束时缩量之后再度放量示意图

>>**实盘操练**

　　2015年5月11日，南洋科技（股票代码：002389）的最低价为17.78元；截至6月3日该股最高价已经涨至29.15元。其股价之所以能够在较短的时间内发生如此大的变化，正是因为庄家刚刚结束洗盘操作，开始全力拉升股价。如果股民朋友能够注意到在5月11日之前，先是成交量形成了先缩量后放量的态势，后来其均线也开始转头向上运行，这些前奏充分证明5月11日的放量大阳线就是庄家洗盘结束的标志，此时跟进该股，就能轻松吃到一波上涨行情（如图7-23所示）。

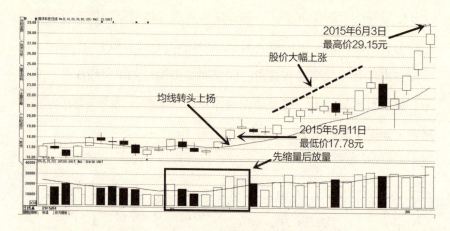

图7-23　2015年4月至6月南洋科技K线图

>>**巩固练习**

问题：

下列说法哪个是正确的？

A. 庄家洗盘结束后，只要跟进就能赚钱

B. 在庄家建仓时跟进不如在洗盘结束后跟进

C. 庄家洗盘结束通常都会拉升股价，但此时需要综合分析局势后再跟进

答案：

C。

庄家洗盘结束后，如果整体投资环境恶化，那么即便跟进也可能会受到损失，比如在2015年下半年股灾形成的时候，即便此时庄家结束洗盘，后市也无法继续拉升股价，因此A选项错误。

庄家建仓时跟进会使自己的成本降低，不管后市股价发展情况是否理想，也有反应的机会和时间。而在庄家结束洗盘的时候跟进，能够有效降低短线风险。两者各有利弊，因此B选项错误。

第八章

庄家出货

当股价拉升到一定的高度后，庄家一定会进行出货操作，以便将盘面盈利转变为真金白银。可以说，出货是庄家坐庄过程中最为关键的一步，如果不能顺利完成出货，那么就相当于坐庄失败，之前所有的努力也将化为泡影，因此，不管实力多么强大的庄家，都会重视出货这一步，千方百计地将手中的筹码派发出去。

对于股民朋友来说，庄家的出货阶段是最危险也是最容易被迷惑的时候。如果股民能够识破庄家的出货伎俩，就能从容逃顶，获得最大的收益；反之则会为庄家作嫁衣，给自己带来巨大的损失。

第一节 庄家出货的目的

>>概念精读

当庄家将股价拉升到一定的高度后，如果无法将自己手中的筹码转变为现金，那么不管账面有多少盈利，最终也可能会变成泡沫。所以，庄家在顺利完成拉升操作后，会想方设法将自己手中的筹码派发出去，而这一过程就被称为"出货"。

>>要点解析

1. 庄家的成功大多数时候是基于散户的失败，如果跟风散户不失败，庄家多是以坐庄失败为最终的结局。

2. 庄家要成功地坐一次庄，最后就必须完成从最先的资金转换为筹码、再从筹码转换成资金的过程。

3. 庄家之前的吸筹、拉升和洗盘都是为最后的出货服务（如图8-1所示），前期的拉升等铺垫还可以被庄家控制，但是最终的出货有很多不可控因素。如果整体行情不理想，股民不愿进行交易，那么庄家出货就变得异常困难，最终就很可能导致坐庄失败。

4. 一般情况下，庄家将股价拉高30%以上之后才能产生足够的利润，也就是说此时已经基本脱离了庄家的成本区。当股价到达这个高度后，不管是因为大盘走势影响还是其他因素，一旦情况恶化，通常庄家都会毫不犹豫地抛出手中的筹码。

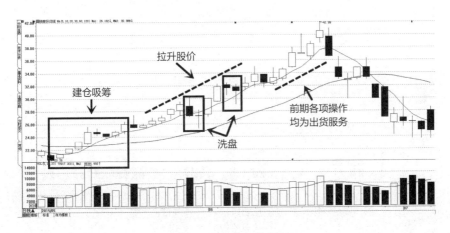

图8-1　庄家控股流程图

5. 当行情发生恶化的时候，庄家会变得十分决绝，有时甚至能做到不计成本地抛售手中的筹码。对于股民朋友来说，这时是最危险也是最容易遭受巨大损失的时候，因此应该随时关注行情的演变。

>>实盘操练

2015年5月至7月这段时间里，介入诺普信（股票代码：002215）的庄家将股价快速拉升到一个相对高位后，便操控股价在高位横向运行，由这一动作就不难看出庄家野心之大。如果是短庄或者快庄会更愿意在股价到达高位后，借助于市场资金的力量在最后的上冲阶段完成出货，但是介入该股的庄家虽然没有进行过长时间的拉升，却依旧使股价在高位横盘，营造一种个股还有上冲能力的假象，以便充分挖取该股的利用价值。

从图8-2中可以看到，如果股民中了庄家的诱多圈套，就会因为行情的恶化以及庄家出货导致的股价大幅下跌而遭受巨大的损失。

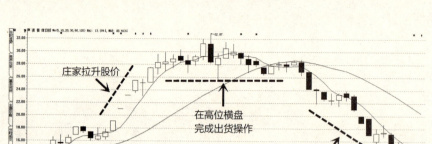

图8-2　2015年4月至7月诺普信K线图

>>巩固练习

问题：

股民应该如何避免受到庄家出货的影响？

答案：

一般来说，当庄家完成吸筹后，股价被拉升至30%以上的位置就已经基本脱离了成本区，此时股民朋友应该时刻关注行情的演变。在脱离成本区后，任何位置都有可能成为庄家的出货目标位。如果行情整体恶化，那么股民朋友就应该尽早抛售手中持股，合理规避风险，不要因为贪欲而将自己手中已有的收益拱手相让。

第二节　庄家出货的征兆

由于庄家手中持有大量的资金，因此不管庄家如何小心行事，在其出货的阶段，都不可能掩盖所有的操作痕迹。如果股民朋友能够充分了解庄家出货前的征兆，那么就有可能及时逃顶，保住自己的收益。

>>要点解析

1. 股民朋友们不可能得知庄家坐庄计划中的盈利要达到多少，但是通过股价及成交量的变化可以大概推算出庄家的成本和理论收益。股民朋友们若是使用不同的方法均估测出股价接近庄家的目标价位，便是庄家出货的时机已经到来。

2. 上市公司的基本面向好，尤其是在定期发布的公告中，公司各方面的数据向好的时候，股价却不见涨，这就是庄家要出货的前兆。

3. 利好消息增多时，股民朋友们要学会分辨真正能够刺激股价上涨的好消息。有的"利好消息"有可能是庄家与媒体合作，故意利用其掩盖自己将要出货的行为。

4. 无论在何种情况下，放量滞涨几乎却可以认定庄家准备出货（如图8-3所示）。

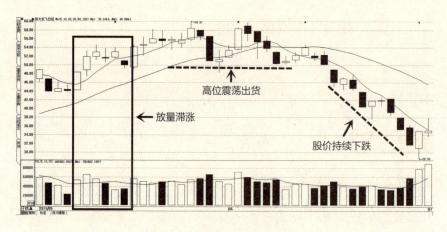

图8-3　放量滞涨后出货示意图

若出现上述这些征兆，在股价跌破关键价位的时候，无论成交量有没有放大，股民朋友们都应该及时离场。大部分庄家在出货的初期是不需要成交量的。

>>实盘操练

2015年5月至6月，达意隆（股票代码：002209）的股价经过庄家不断拉升后到达了一个较高的位置。好景不长，截至2015年7月13日，该股上冲涨停板后，形成了放量滞涨现象，也就是说庄家已经开始出货。受到2015年下半年股灾以及庄家出货的影响，该股先是以连续跌停的姿态大幅下跌，后又以缩量阴线不断在下坡路上越走越远。如果股民朋友没有识破庄家出货的把戏，就会遭受巨大的损失（如图8-4所示）。

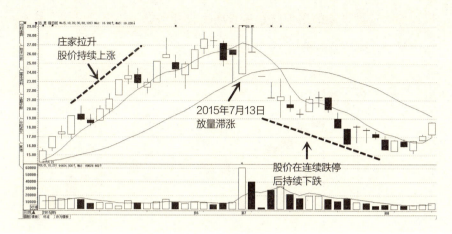

图8-4　2015年5月至8月达意隆K线图

>>巩固练习

问题1：

图8-5中框内的部分属于什么现象？它有何意义？

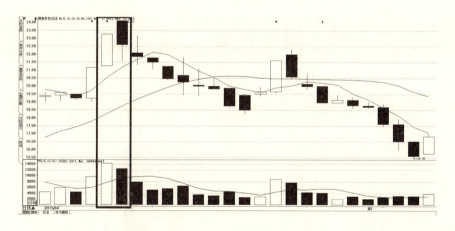

图8-5　2015年4月至5月赛象科技K线图

答案：

图中框内的部分为放量滞涨。在通常情况下，如果有庄家介入个股，那么这种现象的出现就意味着庄家将要出货，如果股民朋友持有这类股票，应该及时抛出（如图8-6所示）。

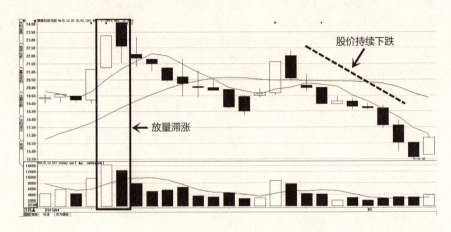

图8-6　2015年4月至5月赛象科技K线图

问题2：

利好消息不是能够刺激股价上涨吗，为什么还要多加注意呢？

答案：

在股价的上涨过程中，媒体一般是不会有过多的报道的。而当各种媒体上出现了许多利好消息，正面的宣传增多时，则意味着庄家开始着手出货了。

第三节　庄家出货的方式

>>概念精读

在出货时，庄家会使用各种方法吸引买盘：拉升股价，呈现大涨幅；做出大的成交量，吸引短线资金介入，同时掩盖出货行为；盘中快速震仓，争取经常能够登上5分钟排行榜。总之，庄家在出货时会千方百计给股民朋友们制造想象空间，骗其进场。

>>要点解析

（一）设置多头陷阱出货

1. 庄家制造假突破，诱骗散户进场。

2. 用巨量将股价拉至涨停板，刺激人气。

3. 庄家在重要的阻力位设置多头陷阱，一旦股价突破阻力位便会吸引大量的跟风盘进场。

4. 散户的追买情绪高涨，庄家便趁机出货（如图8-7所示）。

5. 庄家快速拉动股价上涨，使人们产生惜售心理；这时庄家一口气将股价拉至涨停板，将股民的买入情绪推高，跟风盘纷纷涌入，庄家则在此时出货。

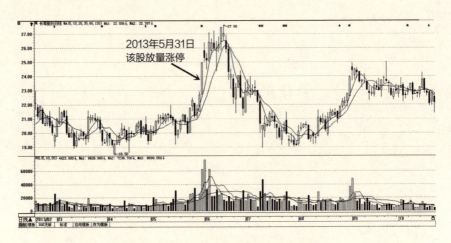

图8-7　庄家设置多头陷阱出货示意图

（二）不断震荡出货

1. 庄家不断洗盘拉升股价，一直持股和再次入场的股民都有利润，离场的人后悔不已。

2. 市场内外的人都坚信股价还会上涨，即使庄家出货也不会被及时发现，便是出货的最佳时机。

3. 庄家通常会将股民炒股时的心理变化与操作时机结合到一起，吸筹时，放出利空消息，让散户的进场情绪变淡，以低价吸收筹码。

4. 在启动拉升和洗盘的初期，不会给出准确的信号，让散户摸不清方向，而每次洗盘后股价都形成向上发展的趋势，最终以向上震荡的形式完成出货操作（如图8-8所示）。

（三）快速打压出货

1. 庄家将股价拉升到一定的高度，制造横向的上影线，做好随时出货的准备。

2. 一旦盘口出现买盘，庄家便针对买盘压价脱手。

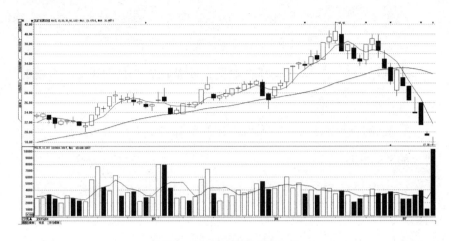

图8-8 庄家震荡出货示意图

3. 这种方法多适用于上市公司业绩差的个股，股民投资这类公司的股票，都存在较重的投机心理。因此股价快速上涨中很少有人抛出持股。庄家提前行动，将高位入场的跟风盘套住，然后网罗抢反弹的投资者（如图8-9所示）。

4. 庄家通常在大盘或者个股人气火爆时，使用这种出货方法反手做空，大多散户还来不及反应。这种手法又狠又快，让人没时间去防范。

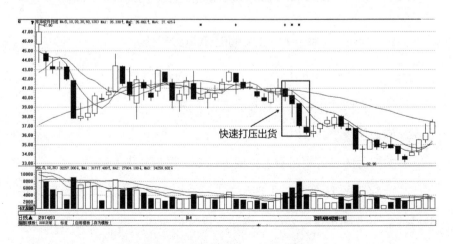

图8-9 庄家快速打压出货示意图

（四）利用反弹出货

1. 庄家已经将手中的大部分筹码套现了结。

2. 利用剩余的筹码迅速压低股价，使其跌破30日均线这个重要的支撑位，跟风盘在高位被套牢。

3. 股价迅速下跌后，庄家借机在低位补货，而后做出一轮反弹行情（如图8-10所示）。

4. 当股价反弹到压制的30日均线时，庄家赚取反弹利润，就此离场。

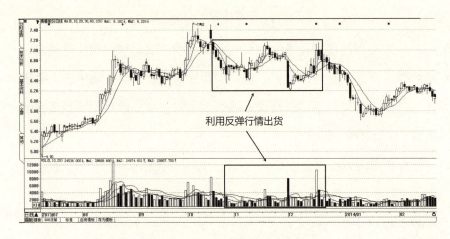

图8-10 庄家利用反弹出货示意图

（五）利用除权出货

1. 庄家长期炒作，大多数筹码被牢牢锁定。

2. 成交量极小，难以吸引散户。

3. 除权后的股价表面看上去低了很多，更容易让人接受。

4. 除权后的股价依然属于高位，但被许多股民朋友误以为是底部的启动。主力利用这一误区，诱导散户盲目跟风，趁机拉高出货（如图8-11所示）。

图8-11　庄家利用除权出货示意图

介入楚天科技（股票代码：300358）的庄家利用反弹出货。2014年11月7日，该股最高价26.28元，而后不断下跌；截至11月25日，该股最低价为22.80元，跌破30日均线。这时大胆的股民入场利用反弹行情赚取差价，庄家正是利用了股民抢反弹的投机心理，将股价抬升回30日均线上方后，再次出货；12月9日，该股收出一根长阴线，最低价为20.84元（如图8-12所示）。

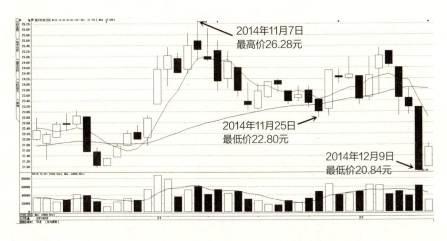

2014年11月7日
最高价26.28元

2014年11月25日
最低价22.80元

2014年12月9日
最低价20.84元

图8-12　2014年10月至12月楚天科技K线图

>>巩固练习

问题1：

除权后股价降至一个低位，股民朋友持股就绝对安全了吗？

答案：

即便个股除权后股价降至一个低位，也不能说明此时就绝对安全了。2015年3月25日，博腾股份（股票代码：300363）的最高价达到145.75元，庄家只要能够顺利出货便是成功坐庄。第二天除权后成交量急剧放大，庄家卖出多少就有跟风盘买入多少，庄家利用除权的方式在散户还未察觉之前已经出逃（如图8-13所示）。

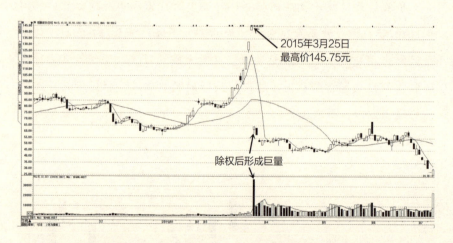

图8-13　2014年12月至2015年7月博腾股份K线图

问题2：

介入京能电力（股票代码：600578）的庄家是利用怎样的方式出货的？这种出货方式又给个股带来了什么样的影响（如图8-14所示）？

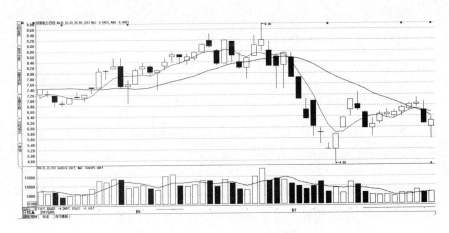

图8-14　2015年5月至8月京能电力K线图

答案：

2015年6月，京能电力（股票代码：600578）的价格一直在高位徘徊；6月25日创造出阶段性新高9.80元，股民朋友们还在期待股价继续上涨，但庄家用连续的长阴线使股民们的期待落空。这是一种效率很高的出货方式，到了7月9日，该股最低价跌至4.68元，其间跌幅达52.24%（如图8-15所示）。

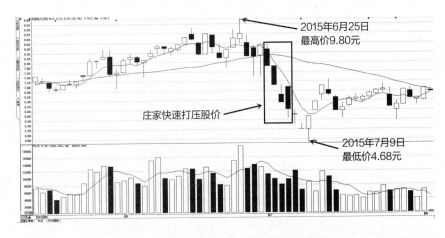

图8-15　2015年5月至8月京能电力K线图

问题3：

面对庄家出货，股民朋友们该怎么办？

答案：

庄家出货有很多种方式，当股票严重破位时，股民朋友们一定要果断离场，不能再抱有任何幻想。而股价在高位收出一根大阳线、伴有放量，并且创造了新的高点，这是极其危险的诱空。

庄家在出货过程中有时会做出反弹行情，股民朋友们遇到这样的反弹也不要轻易地去抢。这个过程中虽然有着很好的快速获利机会，但风险也很大，一旦没掌握好庄家离场的时间，股价将会进入漫长的下跌行情中，股民朋友的损失是不可估量的。

第四节　如何区别庄家的洗盘和出货

　　阴晴不定的股市对于股民朋友来说充满挑战，加上手持大量资金的庄家又不断兴风作浪，进一步增加了股民朋友在股市中套利的难度。因此，要想顺利地在股市套取利润，作为普通股民，就必须学会跟庄。在学习跟庄的过程中，不管庄家是洗盘还是出货都是至关重要的步骤，如果分不清楚这一点，那么股民朋友所要面对的不是踏空就是被套。

　　从技术层面上说，虽然区分洗盘和出货具有一定的难度，但是只要能够掌握相应的知识，就能够区分出来。

>>要点解析

　　1. 庄家的洗盘并不是要洗掉所有的投资者，而是在拉升股价这一阶段中的技术整理，其主要目的是洗掉前期跟进的获利盘，以便能够平均市场成本。

　　2. 通过洗盘调整，庄家能够使市场中的浮筹进一步集中。从技术角度上说，在庄家洗盘期间，股价的波幅会变得越来越小，成交量也在逐步萎缩，个股股价在中长期均线附近呈现出较为明显的控盘特点

（如图8-16所示）。

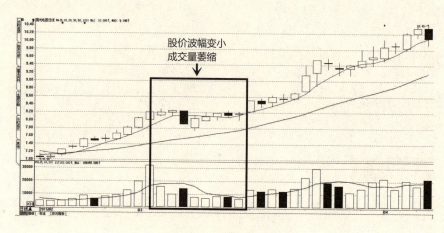

图8-16　洗盘特征示意图

3. 庄家的出货与洗盘有着本质区别，洗盘是为了洗掉部分获利盘，而出货则是为了尽量吸引买盘，庄家通过各种手段稳定股民情绪，在尽量高的位置派发自己手中的持股。

4. 从筹码集中度的角度上说，洗盘是为了集中筹码，而出货则恰恰相反，往往庄家完成出货操作后，市场筹码会从"集中"转变为"分散"。

5. 从盘口角度上说，庄家在出货阶段，一般不会在卖盘上挂大量的卖单，反而会在买盘上挂大量的买单，这是为了迷惑股民，制造一种买盘非常多的假象。但是这种方法会导致虽然买盘很多，股价却始终无法有效上涨的现象。

6. 从K线走势形态上说，一般洗盘的时候K线走势往往会形成实体较大的阴线（如图8-17所示）。而出货的时候则会在破位之前形成一连串的小阳线，使股民错误地认为后市还将形成上涨行情（如图8-18所示）。

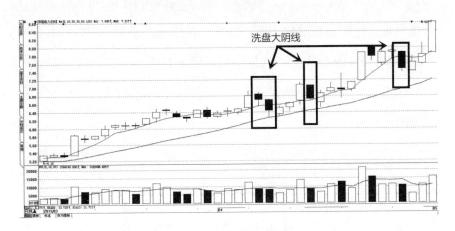

图8-17 洗盘大阴线示意图

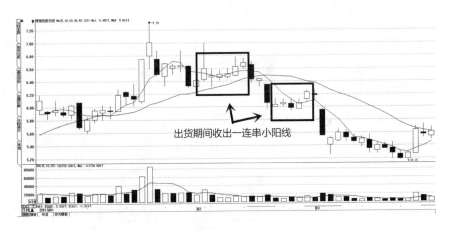

图8-18 出货期间收出小阳线示意图

7. 从股价重心的移动方向上说，庄家洗盘的时候会将整体K线图形做得很难看，这样会使不坚定的股民失去持股的信心。但是股价的重心却不向下移动或者只小幅向下移动。而在出货阶段，虽然K线能够经常收出阳线，但是从整体图像上看，其股价重心却一直在向下移动。

8. 从持续时间上说，在上涨过程中，洗盘的持续时间通常都比较短，一般为5~12个交易日，如果时间过长的话，不但会增加市场资金的流出量，还容易被散户识破，乘机大量建仓，增加庄家拉升股价的压力（如图8-19所示）。但是如果是庄家在出货，那么即便超过这个时间段，个股仍然能够保持不温不火的震荡走阴或者震荡整理走势（如图8-20所示）。

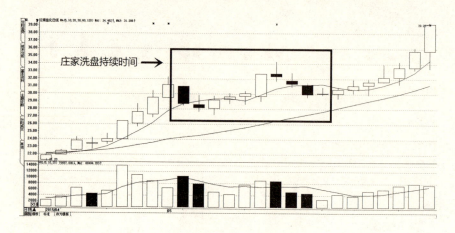

图8-19　洗盘持续时间示意图

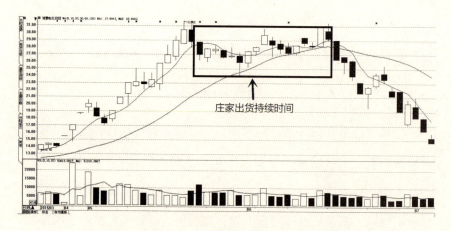

图8-20　出货持续时间示意图

　　介入澳洋顺昌（股票代码：002245）的庄家在2015年2月至5月这段时间里，非常顺利地完成了一次坐庄。从图8-21中可以看到，在拉升股价的这段时间里，该庄家的洗盘次数屈指可数，这也反映出该股的筹码非常集中，庄家控盘能力极强。因此，后市该庄家很可能会以长时间的横盘震荡来完成出货。

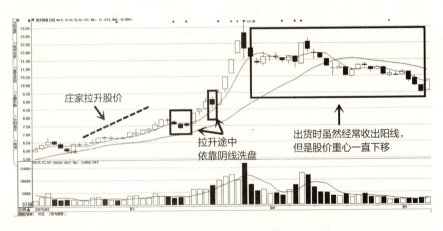

图8-21　2015年2月至5月澳洋顺昌K线图

　　当澳洋顺昌的股价达到一个较高的位置后，该股庄家开始出货，股价随之下跌，但是跌幅并不大，反而走出高位震荡走势。这样的现象就容易使散户误以为这是个股的一次阶段性整理，后市还将上涨，于是将大笔资金介入，成交量持续增加。但是，如果股民朋友们能够仔细观察图像，就很容易发现在震荡的这段时间里，股价重心其实一直在向下移动，这与之前拉升阶段的个股走势截然相反。如果股民朋友们能够及时发现这一现象，及时抛出持股，那么就能避免一次损失。

>>巩固练习

问题1:

图8-22中框内的部分是洗盘的过程还是出货的过程？理由是什么？

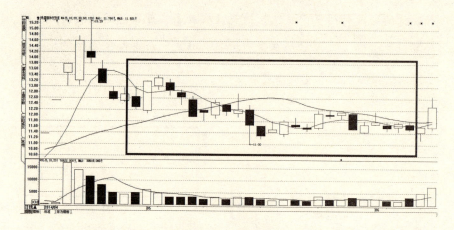

图8-22 问题1配图

答案:

从图8-22中可以看到，图中框内的部分股价重心一直在下移，并且持续的时间较长。结合之前的暴涨以及成交量剧增等现象来看，这是较为典型的庄家出货后导致的后市行情萎靡的现象。

问题2:

庄家出货与洗盘最本质的区别是什么？

答案:

庄家出货是为了能吸引买盘接过自己的手中的筹码，因此在高度控盘的情况下会将图像做得非常好看。而庄家洗盘则是为了洗掉不稳定的获利盘，因此会将图像做得非常难看。